国家出版基金项目
NATIONAL PUBLICATION FOUNDATION

元代雲南史地叢考

夏光南◎著

山西出版傳媒集團
山西人民出版社

圖書在版編目(CIP)數據

元代雲南史地叢考 / 夏光南著. —太原： 山西人民出版社，2014.12
(近代名家散佚學術著作叢刊 / 許嘉璐主編)
ISBN 978-7-203-08778-6

Ⅰ. ①元… Ⅱ. ①夏… Ⅲ.①雲南省－地方史－研究－元代 Ⅳ. ①K297.4

中國版本圖書館CIP數據核字(2014)第234718號

元代雲南史地叢考

主　　編　許嘉璐
著　　者　夏光南
責任編輯　秦繼華

出 版 者　山西出版傳媒集團·山西人民出版社
地　　址　太原市建設南路21號
郵　　編　030012
發行營銷　0351－4922220　4955996　4956039
　　　　　0351－4922127(傳真)　4956038(郵購)
E－mail　sxskcb@163.com　發行部
　　　　　sxskcb@126.com　總編室
網　　址　www.sxskcb.com

經 銷 者　山西出版傳媒集團·山西人民出版社
承 印 廠　山西出版傳媒集團·山西人民印刷有限責任公司

開　　本　700mm×970mm　1/16
印　　張　16.25
字　　數　141千字
印　　數　1—3000冊
版　　次　2014年12月　第1版
印　　次　2014年12月　第1次印刷
書　　號　ISBN 978-7-203-08778-6
定　　價　36.00圓

《近代名家散佚學術著作叢刊》編委會

總主編　許嘉璐

編委會　王紹培　王繼軍　許石林　李明君
汪高鑫　趙　勇　梁歸智　樊　綱
（按姓氏筆畫排序）

總策劃　越衆文化傳播·南兆旭

出版工作委員會

主　任　李廣潔

副主任　姚　軍　石凌虛

委　員　周　威　梁晉華　徐　勝　顏海琴
張文穎　秦繼華　馮靈芝　張　潔

設計總監　李尚斌

設計製作　王秀玲　何萬峰　歐陽樂天

出版説明

近代名家散佚學術著作叢刊選取一九四九年以後未再刊行之近代名家學術著作共一百二十册，編例如次：

一、本叢書遴選之著作在相關學術領域具有一定的代表性，在學術研究方向、方法上獨具特色。

二、爲避免重新排印時出錯，本叢書原本原貌影印出版。影印之底本皆經專家組審定，原書字體大小，排版格式均未做大的改變，原書之序言、附注皆予保留。

三、本叢書分爲八大類，以作者生卒年編次。

四、爲使叢書體例一致，本叢書前言後記均采用繁體字排版。

五、個别頁碼較少的版本，爲方便裝幀和閲讀，進行了合訂。

六、少數學術著作原書内容有個别破損之處，編者以不改變版本内容爲前提，部分進行修補，難以修復之處保留缺損原狀。

七、原版書中個别錯訛之處，皆照原樣影印，未做修改。

八、所選版本之抽印本頁碼標注，起始至所終頁碼均照原樣影印，未重新編排標注新頁碼。

由於叢書規模較大，不足之處，殷切期待方家指正。

總序／披沙瀝金，以爲鏡鑒

◇許嘉璐

多年來有一個問題始終在我腦中盤桓：爲什麽在十九世紀末到二十世紀初，在短短的幾十年裏，中國的各個學術領域竟涌現了那麽多大師級的人物？這是中國近代史上一個極爲重要的現象，我認爲，如果不能給出令人滿意的答案，我們撰寫的近代學術史將是不完整的，甚至是缺乏靈魂的。後來我知道，著名人類學家克羅伯曾提出過一個問題：爲什麽天才成群地來？看來這種現象的出現並非中國所獨有，思考其所以然的也大有人在。而在那一次世紀之交中國的情況，似乎應驗了「天才成群地來」這個令克氏久久不解的疑問。錢學森先生曾從相反的方向提出了相同的疑問：爲什麽我們這個時代出現不了杰出人才？後來人們稱這個問題爲「錢學森之謎」。

要回答這些疑問不是件容易的事。與其迅速地囫圇地探尋，不如先多了解那些讓中國近代學術（應該包括人文科學和自然科學）史上閃耀着光輝的大師們的作品和自述，從而在腦海里盡量「復原」他們所處的環境和在那種環境下的心理路徑，從中或許可以得到一些啓示。

有一點是顯然的，這就是他們雖然都已遠離塵世而去，但是他們獨立思考的品性、求知治學的真誠、困厄窮愁中對節操的堅守，恐怕是他們共同的主觀因素，一直影響到現在，而且將會永遠留存下去。

就思想界、學術界而言，二十世紀上半葉是一個新説和舊説碰撞，中學和西學融匯的大時代。那時的學人極爲重視言行操守，同時具備現代知識分子的理想信念；他們的學術研究十分純淨，絶少功利因素；他們的視界開闊，以包容的心態和嚴謹的風格造就了成果的大氣與厚重。至於在客觀因素一面，他們實際是在用工業化時代的事實解説着太史公所説的名山之作「大抵聖賢發憤之所爲作」，困厄苦難使得他們「皆意有所鬱結」。這種鬱結，幾乎和個人的名利毫無牽涉，他們永遠不能釋懷的，是民族的存亡、國運的興衰、民衆的福禍和文脈的續斷。

那個時代也是近代歷史上最大規模的中西古今學術調適、創新的時期，學術方法上的交互滲透和融合、創新亦可謂「於斯爲盛」。斯時之學人是要在封閉的屋墻上鑿出窗子的勇士，是使人能夠看看外部世界的第一批導夫先路者，或者可以説，他們是在「意有所鬱結」時「彷徨」和「吶喊」的「狂人」。

相對於那時的哲人們，後來者是幸運兒。現在的形勢是，近三十年來學界空前繁榮，衆多學科有了長足之進，其中很重要的一點是學界有了更新穎、更廣闊的國際視野，似乎接續上了百年前的學壇盛事。但細想想，「古」與「今」還是有差別的。其异，主要不在於世界情勢、學術進展、工具改善這些客觀存在，而在於在廣泛吸收各國優長的同時，自身文化的主體性越來越受到重視，換言之，「拿來主義」已經延長了「拿來」的程序，加上了試用、甄别、篩選、吸收、融合、成長。就我孤陋所見，在當今地球上，面向所有異質文明，努力汲取我之所缺，其範圍之大和心態之切，似乎無出中國之右者。從這個角度説，我們已經超越了前輩。但是事情還有另外一面，學術，特别是人文學科，其職業化、「沙龍化」和功利性，以及隨之而來的浮躁病却嚴重了。從這個角度説，是不是我們已經後退得够可以的了？而這是不是我們這個時代出不了大師的原因之一呢？

民國學術界的特點之一是極爲注重對傳統的反省、批判與繼承。他們對傳統文化盡最大的努力進行整理和研究。一方面，由於戰亂頻仍，民不聊生，學者們擔起了讓中華文化薪火相傳的歷史責任；另一方面，他們要通過對中國傳統文化的整理，挖掘來重振民族自信心。這一時期對傳統文化進行整理的全面而深入是前所未有的，舉凡文字學、語言學、經濟學、法學、哲學、政治制度、書法繪畫、金石學……規模之宏大，研究之精微，令人嘆爲觀止。

民國學術推動了現代學科體系的建立。在對傳統文化整理和研究的基礎上，吸收西方的文化思想和理念，推動和建立了中國現代學科體系。例如，在對語言文字和音韻學成果進行整理、研究的基礎上開始着手規範之，建立了國語學；深入研究書法、國畫，將其融入了現代美術學科；在廢除舊有學制後逐步建立起小、中、大學較完整的科目和學科體系。

民國學術也改變了傳統學術方式，建立了新的研究範式。以現代科學考古爲發端，科研的實踐和成果使中國知識界真正認識到在實驗、比較基礎上的邏輯分析對學術研究的重要，推進了中國學術的一大演變。至於我們常説的打破士大夫傳統、走出書齋到田野鄉村和市民中進行調查研究、結束了經學時代、以歷史眼光檢視儒學和諸子等等，都是確立新學術範式的努力。這一轉變，也標誌着中國學術界脱胎换骨，全面進入了現代，爲此後的學術發展奠定了堅實的基礎。當然，西方啓蒙運動以來，在「現代性」和「現代化」裏潛伏着的缺陷和謬誤也傳到了中國，這些不能不在前哲的著作裏留下痕迹。這並不奇怪。類似的情況，古往今來孰能免之？猶如今天的我們，誰敢自稱我之所見就是永恒的真理？在這個問題上兩個時代所異者，或許就在昔時大家創立新説或譯註西學著作，往往是懷着對學術和前哲的敬畏而爲之，故而常常誤不在我；當今則往往出於對學問和他人的輕蔑，或以所研究的對象爲謀己的工具，因而難辭主觀之咎吧。翻閲他們的心血之作，這些復雜的狀況可以顯見，可以視之爲我們的一面鏡子。

滄海桑田，世事變幻，歷史的動盪和時代的遮蔽，使當年許多大師的一些極有價值的學術著作被棄於故紙堆中，不能不令人有遺珠之憾。爲此，山西人民出版社不惜以數年之艱辛，披沙瀝金，編輯出版這套近代名家散佚學術著作叢刊，凡一百二十册，計文學、史學、政治與法律、美學與文藝理論、民族風俗、宗教與哲學、經濟、語言文獻共八大類別。所選皆爲作者之純學術著作，無論是其見解、精神，抑或是其時代烙印，都是後輩學人可資借鑒的寶貴財富。他們出版這套叢書，意在讓世人不忘來程，知篳路藍縷之不易，爲民族文化的傳承再增薪木。

出版社的初衷，與我近年來所思所慮近似，故願略述淺見於書端，以與策劃者、編輯者和讀者共勉。

二〇一四年七月六日

改定於自安東回京途中

前言／「风俗扫地伤王化，谁正人伦大雅！」

◇許石林

前人欲治天下者，必先視乎風俗，蓋風俗所在，如是則宜，非是則不便。荀子曰：「入境，觀其風俗。」蓋觀風俗以知人心，因其所宜以制禮作樂、立典明法，以期使千差萬别之原生態風俗，得以優化、矯正、改良而趨於均一。而均一之法，所謂「移風易俗，莫善於樂」，以文化野——數千年歷史，雖歷經朝代更迭、戰亂波折，文明陵夷而能頑韌修復與振起者，正因爲風俗矯正、改良從未停歇，此正是「文化」的過程。即均一之最終結果雖數千年而未實現，但均一的過程却從未停止。

風俗於天下安定、黎民富寧可謂至關重要，「治隆於上而俗美於下」，可以説是歷代中國讀書人的理想。考諸往史，自周秦以降，賢士大夫，皆知敦教化、厚風俗之重要，並以此爲己任。做官爲政，也必以淳厚風俗爲指歸，此抱本也；而今日世界各國，無不導民以利，以經濟指標考察政績，此誠逐末也。

前人對於風俗的理解，千年之下，基本相同。宋人蘇軾有云：「國家之所以存亡者，在道德之深淺，不在乎强與弱；歷數之所以長短者，在風俗之薄厚，不在乎富與貧。」清人顧亭林以爲，蘇軾的話是從古至今，最爲「深切」的「根本之言」。

顧炎武自己對風俗的理解，也是「根本之言」：「風俗者，天下之大事。朝廷有教化，則士人有廉耻；士人有廉耻，則天下有風俗。」他這種以天下爲己任的擔當意識和責任感，將賢士大夫即社會精英的「士風」，放在了擔負天下移風易俗重任的重要位置上。

然而歷代士人對風俗關注的焦點，却有差別，這本身也恰恰構成了各個時期風俗的重要內容。即以清末民初至一九四九年時期與今日民俗學大略印象比較而言，彼時的學人，正如許嘉璐先生所言，「（彼時）正是中國社會極度動盪的時期。尤其是日本帝國主義的侵略，把中國直接推向了生死存亡的關頭。即使如此，係統清理民國學術成果將會發現，中國學術研究不僅没有因此停步不前，反而碩果纍纍，成就巨大。民國學人在極其艱難的環境下，堅守中國的學術命脈，同時也是堅守着中國文化的命脈。」

而今日之風俗學，可能由於新的學術研究的切割法，多畫地爲牢，分塊處理，破碎害道。故今人論風俗，鮮有前人之宏闊胸襟，多退縮到現代意義上的民俗與民間文學之類，即便有所發現查獲，却無前人熱切地以資當下與未來政治的熱忱，故格局明顯狹小，淪爲供旅遊者攫取談資和獵奇的工具。更有甚者，若研究者價值觀被扭曲，則視舊的一切爲應當革除者，其所研究的結果，字裏行間必然流露出對舊風俗的警惕與謹慎、厭惡與拋棄的思想，如此，則其所知越多，對國故的殺傷越大。

基於此，近代名家散佚學術著作叢刊·民族風俗卷所搜集的民國學人的著作，皆當時士人學者發自於整理通鑑以期資治的用心，冀其所著述能有裨益於國家未來，孜孜矻矻，搜求剔爬，鈎稽考證，網羅歸納。其發願之宏大，足以令今人肅然起敬。而其學養之深厚淵雅，表述之明敏雋永，詞采燦然，亦令人愛賞不已。撫卷讀之，神馳思飛，感慨萬端：此又民國之士風也。

余承蒙錯愛，忝爲「民族風俗」卷主編，自知失學無才，惶恐愧疚不已，豈敢妄言爲先賢序而着糞於佛首！焚沐捧讀，崇仰之情日滋日長。正如史前時期之西北著者裴文中先生在自己著作前所道，不敢言

「序」，惟有「感言」似乎不可欠缺。余雖愚魯淺陋，亦勉爲感言。所感者有二：

清末民初至一九四九年期間，西學東漸，風俗地理學研究，遂有了新方法。前人礙於工具等諸條件所制約，疏於田野調查之故，或許有過於粗略概括之處，得到了落實細化和實地考察的推進。當時的學者在詳細考證、小心發現後，不僅得出結論。更爲可貴者，將學術研究結果，與現實社會之間打通，讓風俗中的可資當下政治汲取的養分，充盈到現實中來，即向當局提出建議，給人以啓迪。從中可看出，作者没有遭受某種政治意識形態的干擾，有些結論和建議，與現代社會的種種法律、政治理念是相牾的，有的甚至是「向後看」的，但「向後看」的目的卻無疑是意在有利於向前走。也正因如此，反而能自由地向政治提供可資選擇與利用的思想資源。如千蘭——西南中國原始住宅的研究的作者，從建築樣式的歷史演變，得出兩廣及西南雲貴地區，文化上以夏變夷的漫長而平和的過程，令人頗受啓迪。回顧那一段學術史可知，不惟當時的政府力量給予學者以思想學術自由的空間，世俗民間風氣、民衆心態也給學者充分的思想考察的自由空間。此不由人不思忖：蓋思想空間越自由，則學術研究越有生機。此一也。

那一代學人，不幸遭逢國家動盪，外侮侵犯，保家衛國之時，並不急功近利，而期望能正本清源，尋求從根本上解決治療國家當時所存在的痼疾，彌補往史舊學所欠缺、所忽略的盲區，又或盡量搜剔鈎稽，歸納匯集，以資能有利於國家民族當時的救亡與未來的强盛。史前時期之西北、西域史族新考、東北地方沿革及其民族，皆是也。史前時期之西北的作者總結自漢代以來，歷代朝廷經營邊功，奄忽而盛，又倏然而寂，屢費財力損兵革，終究未能使西北做到久安永寧的原因，不僅僅在於謀劃未周，兵馬未强，作者認爲還在於中國的方塊漢字，對夷狄來説，難寫難認，使已經被羈縻之夷狄，不能順暢地接受優秀的中原文化，而以儒家爲主流的中原文化，又缺乏宗教力量以因果報應之説警戒愚俗，收拾人心，故夷狄與華夏離心離德，戰爲利來，敗無愧色，旋叛旋服，叛服無常，成爲數千年邊患。「海水有門分上下，江山無地限華夷」，這是明清易代之際，詩人陳恭尹發出的悲嘆。而能爲史前時期之西北這種推論做實证的，歷史上有多個朝代，比如北魏。作者不僅因此對經營當時西北邊務者爬梳匯集了翔實的史料，以鑒資當時的西北政治，更爲實際開發西北，提出了許多具體的設想，寫出了將來之展望、將來工作之途徑。作者還批評了當時打着開發西北旗號的各路「淘金者」。東北地方沿革及其民族的作者抱有同樣的志氣，梳理東北邊疆的沿革，並將其地域所有民族的風俗歷史，概括歸納。作者深感我國東北廣大土地，歷經沙俄、日本等的侵擾，並分析其原因，言簡意賅，脈絡十分清晰透徹，目的是使當時的政府，能振作起來，重視東北、保護東北，發展東北。近代名家散佚學術著作叢刊·民族風俗卷的作者，無論是大學教授、學者、地方官員、新聞記者還是中學校長，其字裏行間所洋溢的，都是自古以來，中華文化所孕育出來的賢士大夫胸懷家國天下的情懷。非有此等士大夫擔當情懷，不能有此胸襟眼界，無此胸襟眼界，不能有此考察風俗、發現歷史、希望能有助於國家救亡與復興的學問著述即千古文章。此二也。

余固非風俗專家，不能道盡其旨。作爲一個普通讀者，讀這些著作，對前人行文之美，愛賞不已。學者之文，凡舊學修養深厚者，其辭必然雋永可喜。愚以爲近代名家散佚學術著作叢刊·民族風俗卷的寫作，已經將漢語的文白相融，做到盡善盡美的高度了，它保存了文言文的矜持與自尊，詞約而義豐，又吸收了白話的通俗流暢，卻因爲文言精神的提攜，使其氣不墜，白話不顯得囉嗦輕浮、枯燥乏味，反而有了直抒胸臆的痛快淋漓。正因爲這樣，這套叢書，不僅作爲學術專著，供後來學人作學術資料考索徵引，其實應該同時當作一般讀者的閱讀書目，必然會受到許多人的喜歡，「道不遠人」。此三也。

余貿然接受邀請主編此輯叢書，旋即愧悔，勉力爲之，不勝惶恐之至。謹以保存國故的心態，虔誠面對前人著作，對之如聆教誨。能將此叢書奉獻給今日讀者，則欣喜之情，陡然洋溢周身，覆蓋了一切。

風俗之於天下，可謂至關重要，移風易俗，正風俗以正人心，前人保存國粹者，無不以此相許。而今日之人，多迷信强權、崇拜金錢，對此多有忽略。今日學術界淺薄勢利，若不碰觸某一還活在人們生活中的風俗，則該風俗猶能讓人感受到古老文化的現實體温，反之一碰觸，則多粗暴否定與畸形改造，無异於毀滅良俗。「風俗掃地傷王化，誰正人倫大雅！」（元·吴弘道《醉高歌·嘆世》）

惟願此人文風俗叢書，能讓人重新認識風俗的重要，視風俗之考察，爲政治必要之端。

後學　許石林

二〇一四年九月二十一日於深圳

作者簡介

夏光南，生平不詳。

金序

從來治元史者，多重西北，西北地理之鉤稽，幾成元史學惟一無二之槀論；而不知此實治蒙兀兒史者之事也。卽元論元，其西南之經營，蓋尤有重於西北。當世祖南征，實自吐蕃取雲南，扼巴蜀之背，得建瓴之勢；始然後沿江而下，南宋遂以不支。不明乎此，元人行軍之方略無由見。元人入主中國後，其在雲南之設施，尤大費周章——可革者革之；不能不因者因之。於是省政、王政、藩政、土官，樊然並列，舉元代治中國之政制，幾乎無一不備；蒙古、色目、屯田駐軍，雜居漢戶爨蠻之間，民族之複雜，雲南尤儼然一元世之小中國焉。不明乎此，則元人治中國之方略無由見。雲南自蒙氏南詔自外中國後，文物制度，久不見於中國之史乘。元人得雲南，一切就蒙古語言諧音迻譯，如「哈喇章」、「察罕章」之類，令人不可復究詰。不有以博稽而參證之，抑非徒治元史者障翳橫生，卽雲南之爲雲南，亦幾成新闢之遐荒矣。會澤夏光南先生網羅中外典籍，勒成元代史地叢攷一書，取其人其地之名實紛歧者，一一參互而訂正之；取典章文物之易滋疑誤者，一一爬梳而釐析之；使此久沈晦僿之重要史料，一旦而昭若發蒙。治元史者於此非特更得一新槀論；卽元前元後之雲南史乘，亦藉以由斷續而始末貫穿，「疏通知遠，」

是書有焉。書成，夏先生嘗介友人責序於余，余不學，何足以當此？因略書所見以還之。

中華民國二十三年冬金華金兆梓

世祖平雲南碑（上）

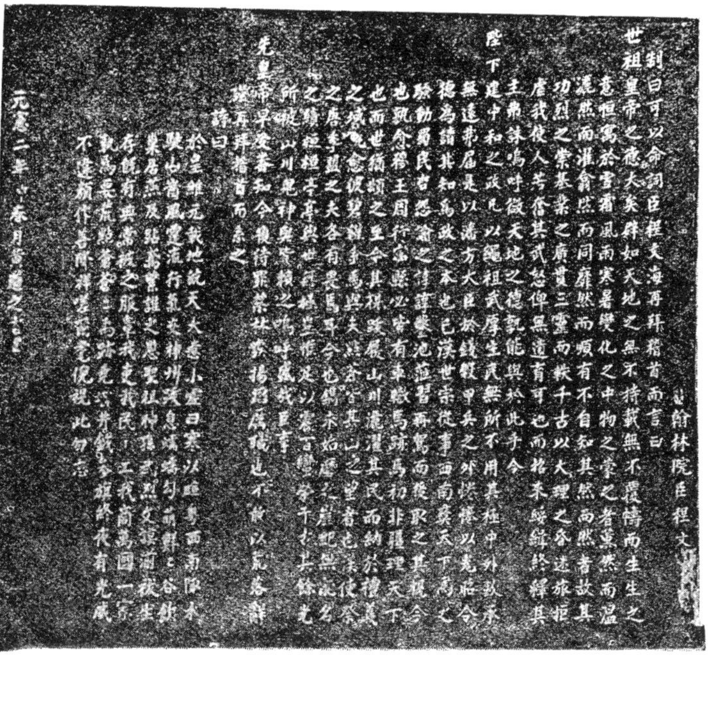

世祖平雲南碑（下）

世祖平雲南碑二方，每石寬五尺，高四尺。建於大理點蒼山中和峯。前一石三十行，後一石二十八行。後石第一行上空十四字，下書翰林院臣程文□□。審以文義，前一石末行，當接後一石第二行讀。想係程文海撰文。題名不書於前後，而書於此，其不可解者一。碑稱大德八年所立。元史程鉅夫傳作十年非。碑末題元憲二年仲春月黃道之吉。考元無「元憲」年號，此不可解者二。按碑首稱憲廟踐祚之二年壬子，世祖專征大理，元憲或即憲宗耶。是碑立於大德八年，上距憲宗二年，幾五十餘歲。碑末不記建碑年月，而書相距五十餘年前之元憲二年，亦云奇矣。又舊志所載此碑之文，與今拓本互異，與元文類所載亦微異。

自序

是篇爲余兩年來考證元代雲南史地之叢錄，將以備遺忘，供參考，非敢云著述也。夫滇之開闢，始於戰國，其文化淵源中土。漢魏以降，如兩爨南紹大理之相繼建國南中，皆用夏變夷，臻於郅治，而代表印度文化之佛教，戰國時，亦已經由緬甸傳達雲南。徒以中原人士，漠視邊徼，於是二千年中開發西南之華族，皆被目爲蠻夷，其較有價值之史料，亦爲學者所誤解，所擯棄，而邊事亦遂不可問。自元起漠北，囊括歐亞，憲宗時，命太弟忽必烈南征大理，利其形勢險阨，軍民慓悍，以之攻滅南宋緬越諸國，建一空前偉大之元帝國，於是雲南地位，益趨重要。然其民族分合，政治因革，都邑建置之跡，禮俗通塞之由，於廣漠蕪雜之元史中求之，乃晦僿紛萌，莫得其要，識者憾焉。不佞學殖荒落，跼蹐邊陬，得書困難，摭拾鈔撮，亦行其所好而已。凡吾所作，苟有一二，足以證明當日史蹟之本來面目，且以稍正國人對於邊疆錯誤之觀念，則區區勞作，爲不虛矣。民國二十三年九月二日光南自述。

元代雲南史地叢考目録

插圖

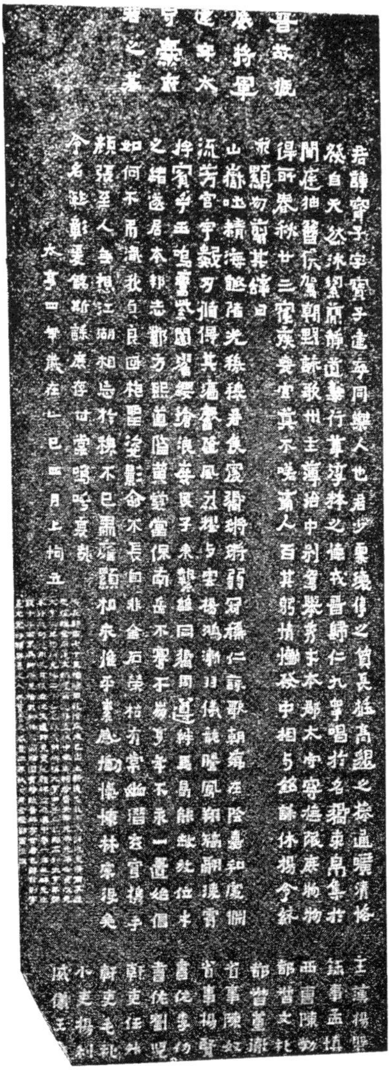

代表南北朝（第五世紀）雲南文化之小爨碑

元代雲南史地叢考第一頁之前

元代雲南史地叢考

一　哈喇章與察罕章

「哈喇章察罕章」二名，始見於元史。

元史卷一二一兀良合台傳載元兵既渡金沙江分兵入白蠻察罕章（Tchaganjang），破其寨柵，進取龍首關，入大理，分兵取附都善闡，攻烏蠻合剌章（Karajang）水城，又破羅部，擒大酋高昇，進破押赤城。

此蒙古之譯名，卽唐宋以來之「東西兩爨」也。

按蒙古語稱白爲「察罕」，黑爲「哈喇」。如元史太祖紀汪古惕別名白達達，蒙語曰察罕塔塔兒（Chagan Tatar）。黑達達，蒙語曰哈喇塔塔兒（Khara Tatar）。卽譯名之白韃靼黑韃靼也。又如黑契丹曰哈刺吉達歹（Khara Kitan）意亦同前。故近人伯希和馮承鈞先生等，均以合剌章卽東爨烏蠻。元史之「章」，應爲爨之譯名。察罕言白，卽西爨白蠻。顧馬可波羅游記謂合剌章都押赤

(Yachi)大理爲其別都。元史類編元時烏蠻據大理，白蠻據麗江，皆玀猓種也。其論不盡可據。

夫「爨」之命名，起於漢魏，隋唐之間，臻于極盛。蓋其始本一族之姓氏，終乃衍爲各部之公名。唐書西爨自言本安邑人，爨龍顏碑爨系出「芊」，別氏爲「班」，漢末采邑於爨，因氏族焉。此言爨氏之得姓也。其移殖于滇，不知始於何時。攷常志蜀漢初，有爨習者，以建甯大姓，雄於一方。及武侯平南，分兵配大姓焦雍婁爨孟量毛李爲部曲，稱四姓五子，則爨氏之繁衍南中也，至少當在兩漢。晉末中原大亂，政治勢力，不能及遠，爨氏遂自爲雄長於此邦。如爨松子爨寶子等，俱襲太守。爨龍顏仕宋爲龍驤將軍，其他爨氏子弟族類之爲達官顯宦，綜軍民政者，大小爨碑碑陰所載，難以數計。梁時爨瓚竊據牂牁興古等郡，歲貢不入者數十年，於是始王南中。隋初爨翫遣使朝貢，命韋世充戍之，既而復叛；命史萬歲往討，自蜻蛉川至西洱河，破其三十餘部，行千餘里，翫入朝謝罪，爲文帝所殺，沒其子宏達爲奴。唐高祖縱宏達還，爲昆州刺史，多置州以資羈縻，然政柄仍操自爨氏也。至爨分東西，當始於晉。晉書地理志，永嘉二年（西紀三〇八年）以益州地廣，合四郡（即蜀漢之建甯興古雲南永昌四郡）爲甯州，分建甯以西，建伶連然穀昌雙柏等七縣爲晉甯郡。沈約宋書，所載約同。建甯一郡，當今之曲靖陸涼平夷等屬。晉甯一郡，當今之昆明呈貢晉甯昆陽等屬。

以地理言，建甯在東，晉甯在西。爲兩爨首郡。故宋書州郡志甯州領郡十五，而建甯晉甯居首。蠻書晉甯州漢滇池故地也，在拓東城南八十里，幅員數百里，西爨王墓，累累相望。石城州，味縣故地也，貞觀中爲郎州。開元初，改爲南甯州。蓋蜀漢分南中爲四郡，味縣卽建甯郡首縣，在今曲靖境內。舊唐書地理志郎州有同樂縣，今大小爨碑均出於此。又碑言，宋元嘉九年，州土擾亂，東西二境，凶豎狠暴，爨龍顏以五千精銳，肅淸之。則東西爨之分，晉末已肇其端矣。蠻書在石城昆州晉甯曲軛（今馬龍）喩獻（漢俞元縣，今澂江境。）安甯距龍和城，謂之西爨白蠻，在曲靖州彌鹿州（今廣西彌勒等屬）升麻州（今尋甸境）南至步頭（蠻書稱在通海城南十四日程，此當係蒙自江外之蠻耗），謂之東爨烏蠻。又曰其人稱爨，從其古長之姓。考此諸書，則所謂爨者，漢魏間尙爲一族之姓氏，迨隋唐則已漸蛻變爲部落之名號。其領域西爨當昔雲南曲靖澂江三府之大半。而東爨則曲靖澂江外，又兼有東川開化廣西臨安楚雄廣南武定元江等府。及滇黔桂三邊之一部，幅員大西爨數倍，所謂三十七部蠻者，皆統於其下。要之兩爨疆域，唐以前，極遠當以元江爲界，而未嘗及於迤西。

蓋兩爨者，戰國以迄唐初，漢族移殖滇南文化最高之一集團。固漢化之一王國也。

按莊蹻開滇，夜郎受範以來，南中始有漢族之足跡。見於史記者，迤東之滇黔間，有滇國夜郎勞深靡莫迤南通河臨安間，有眗町；迤西鶴麗大理境，有昆明。此諸國者，為戰國迄漢初數百年間漢族經營南中，與諸蠻血統混合，文化貫注之一組織，故晉人常璩曰。自夜郎滇國以酉，分侯支黨，傳國數十，大抵皆莊蹻苗裔，滇考、蹻既定滇池，使部將小卜，引兵收復滇西諸蠻。古滇說蹻晚年信佛，不忍殺生，遷居白崖鶴拓浪穹，衆推其後仁果為王王滇。蓋漢之昆明為「白國」後裔，即其一支也，迨晉以後，兩爨崛起。衡以南中形勢，東爨所統，悉漢夜郎眗町及勞深靡莫地。西爨所統，則為滇國故地。而昆明之境，高山深谷，隨畜以居，則唐白水西洱永昌松外諸蠻宅窟之所，要皆形同魯衞之漢化諸小國，混合滇省東西兩迤之倮玀僰夷者也。夫惟漢族苗裔，故其文化，特異諸蠻。爨世家曰。兩爨碑均出同樂，小爨不署作者，大爨則爨道慶作，文體書法。漢魏正傳，體製古茂。非唐宋人所及。康南海先生亦言。大爨碑如古帝王端冕垂旒，為海內神品。然則當日雲南文化。殆已超絕中夏。非邊鄙蠻夷之比可知。蓋自文翁化蜀，武陽傳經以還，滇人士如張叔盛覽孟孝琚等，均受業博士，淹貫經術。尹珍從學許慎，應奉亦還鄉教授，平夷傅寶，夜郎尹貢，並有德名。蜀漢時南中有耆老，善言議，好譬喻物，謂之夷經，雖學者亦半引之。漢則平樂大姓朱雷等，皆有部曲，其民好學為甯州冠冕。

他如龍傅尹董，及眴町王承之抗王莽，雍闓之答李嚴，孟獲李恢呂凱之傾心武侯，下逮晉之毛詵李猛李叡及爨氏父子兄弟等，雖賢奸各異，要皆南中傑出人才。其文學優美，功業卓越，載諸華陽國志諸書者，雖中原人士，有愧色焉。觀大爨碑所紀，武昌巴郡雁門之人亦仕于此，以經學論，寶子宮宇數仞，循得其牆。龍顏綢繆六經，道融德重。以地理論，則延袤二千里，種族三十餘部，本俗刀耕火種，邑落相望，牛馬被野，富與蜀埒。要之自漢魏南北朝以來，以雲貴高原論，固泱泱乎南中漢化之一大國也。東爨爲山居畜牧之族，文化雖較遜於西爨，然喜鬥輕死，武力充實。唐以後，嘗幷爲政治運動之中樞。段思平借兵東方黑爨三十七部蠻以成霸業，此一證也。至兩爨外，其文化程度約與西爨相埒，而分駐滇西者，惟「西洱河蠻」耳。

唐以蠻族，卑視兩爨，利其土地，築城以通安南，而煽其內亂，於是兩爨雖弱，滇東之地，盡入於烏蠻所建南詔國之囊橐，而唐之西南邊徼，數百年間，遂陷於烽煙不靖之局矣。

考蠻書六詔既幷，滇東尙爲「兩爨」所據。爨宏達死，以爨歸王爲南甯州都督，居石城，襲殺東爨首領蓋聘父子。有兩爨大鬼主（此當類今日猓玀之巫師畢摩）崇道者，與弟日進日用居安甯城左，聞章仇兼瓊開步頭，築安甯城（蓋安甯有五鹽井，人得煑鬻自給。元宗命特進何履光以安南兵定南詔境，取安甯及井，至是又築城。）賦役繁重，羣蠻振騷。共殺築城使者。元宗命蒙歸義討之，師次波州，歸王及崇道兄弟千餘人，泥首謝罪。會唐侍御史李宓欲乘此滅東爨，檄崇道殺日進及歸王，諸蠻驚恐，歸義以聞，請於朝，以歸王子守隅爲南甯州都督，以女妻之。又以女妻崇道子輔朝，然二爨猶相攻不息。歸王妻阿妊，烏蠻女也。走訴歸義，爲興師營昆州，遂虜其族，殺輔朝，取其女，崇道亦爲其族所殺，諸爨稍離弱。及閣羅鳳立，召守隅並妻歸，河睒不通中國，阿妊自主其部落，歲入貢，恩賞蕃厚。蓋自是南詔益强，雲南迤東之地，浸入版圖。正史之上，無復有爨氏王侯赫赫之跡，而僅留其部落之名號而已。

蠻書閣羅鳳自得志於東，命鳳伽異築拓東城。遣昆州城使楊牟利以兵脅徙西爨戶二十餘萬於永昌，東爨。以言語不通多散依林谷得不徙。自曲靖州石城升麻昆州南北，至龍和，皆殘於兵。日進等子孫居永昌城，烏蠻種復振，徙居西爨故地。蓋自是爨始渡瀾滄江而西。

考南詔徙民，如徙西爨於永昌，徙西洱河蠻於拓東，皆同一意義，即兩部均爲漢化之白蠻也。白蠻之分駐於迤西，雖係兩漢以來之史蹟，然所謂爨者，尚限於元江流域以東。天寶後，（約當西紀七五〇年）西爨遷流於永昌，於是大理永昌之境，皆白爨所居。滇東之兩爨故地，烏蠻之勢大張，而西洱河蠻及裳人等部，反得移於昆明首府之地」

夫南詔系出烏蠻，鞭苔漢化之諸國遺民，東西奔馳，遠離巢穴，如逐鹿豕，以謂西爨既遷，控制宇下，子孫帝王萬世之業可立。乃曾幾何時，變生肘腋，「白爨」大姓之鄭趙楊段諸氏，相繼篡立，有如傳舍。且南詔一切制度，皆賴降人爲之經理，則所謂烏蠻之數百年霸業者，殆亦優孟衣冠而已。及元世祖忽必烈下大理，分兵善闡，猶以「察罕章哈喇章」分概滇東西，至雲南行省既立，設路府州縣以資統轄，而兩爨之名詞，猶不絕於歷史，亦盛矣哉。

滇載記蒙氏自細奴羅至舜化眞十有三世（西紀六二九至九〇〇年）立三百十年，於昭宗光化二年爲鄭買嗣所篡，改國號曰大長和；三傳爲東川節度使楊干眞所殺，立淸平官趙善政改國號曰大天興；立十月，干眞又奪之，改國號曰大義甯；貪虐無道，通海節度使段思平，興師問罪，立僅二年，而段氏興焉。夫鄭買嗣本唐鄭回之後，世爲蒙氏淸平官。思平氏出武威。楊干眞趙善政等皆中國漢族苗裔，則白爨諸姓於五代時復盛於南中也可知。史稱段思平借兵東方黑爨松爨三十七部蠻，逐干眞得國。「松爨」不見於前史，意者殆南詔所遷於拓東之西洱河蠻松外蠻耶。果爾則白蠻之後，唐以後，亦未嘗失意於滇東。然此固不能襲以「白爨」之名以白爨早移於永昌也。

按段氏建國大理，爲後晉天福二年，至元憲宗三年，元世祖虜興智滅其國。（西紀九三七至一二五三年）二十二主，歷三百一十六年。其國都大理陪都善闡，一仍前代之舊。元平大理，擧全滇而郡縣之，則所謂「黑爨白爨」等籠統混淆之部名，應摧陷而廓清之矣。乃攷之事實，兩爨三十七部之名，猶不時稱擧，蓋相循既久，未易除也。元史本紀至元十七年以「哈喇章」軍一萬討伐羅氏鬼國。十八年、益雲南軍征「合喇章。」二十一年，以雲南城內洪城併「察罕章，」隸皇太子。二十二年，罷「合喇章」、「金齒」二宣撫司爲一，治永昌。遣雪雪的斤領畏吾兒戶一千戍「合剌章。」置「合剌章」四川建都等驛。罷合剌章打金規運所。勅合剌章酋長之子入質京師。減合剌章冗官。二十三年，諭皇子也先帖木兒調「合剌章」兵二三千，從征交趾。諭納速剌丁分「合剌章」蒙古軍人征緬。二十五年，雲南行省言金沙江西通安等五城，宜依舊隸「察罕章」宣撫司。至順初諸王禿堅之亂，鎭西武靖王搠思班言。蒙古軍及「哈喇章」種人叛者，不能必其不反側。此所謂「哈喇章」云者。蓋指滇東黑爨松爨等三十七部言。以其形勢重要，物產豐饒，當滇池附近數千里之原野。故置驛屯戍，視爲中心。而察罕章席白爨二千年霸業雄圖。於元人武力征服之下。其酋段氏。猶領袖羣蠻。值中原多故之秋，世襲總管與元宗室梁王對峙者百年。及有明勃興，始爲沐英藍玉所征服，其遺族猶保存一部分勢力，至清初始完全消滅，然則「白纍」之爲國也，由戰國以迄清初，皇皇華胄，紹續罔替。史公之贊楚天祿，祇及滇王。袁滋之稱頌河東，猶是唐藩。彼固未見二千年一線相承，有如是之國家者。無怪乎師荔扉之譏評沐氏曰：不以爲光復故物，而以爲手破天荒，坐令千載之後，讀史者於兩纍則相提並論，且儕白纍於諸蠻，嗚呼！豈不哀哉！

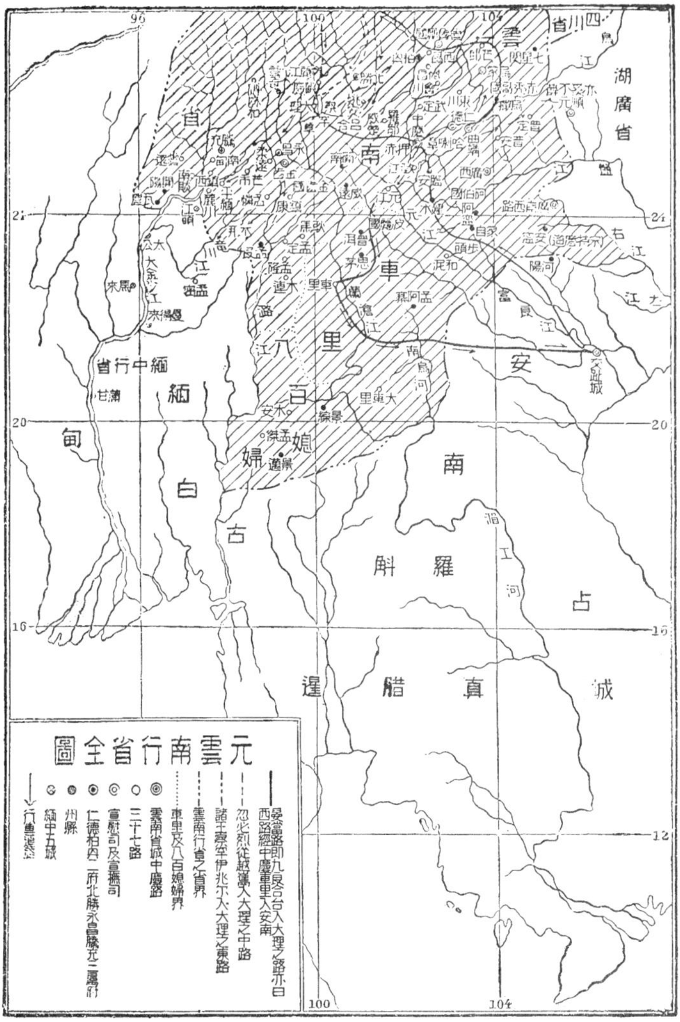
元雲南行省全圖
忽必烈從越巂入大理之中路
雲南行省之省界
車里及八百媳婦界
雲南省城中慶路
三十七路
宣慰司及宣撫司
州縣
緬中五城
雲
南
四川省
湖廣省
車
里
八
百
媳
婦
緬中行省
緬
甸
白
古
安
南
交趾城
羅
斛
占
城
真
臘
暹

元刻尊勝陀羅尼神呪梵文石塔
塔舊存於華亭寺今移至通志館

二　元雲南省之地理

西元二世紀中，滇國夜郎邛筰冉駹等入漢版圖，分置於益州牂牁越巂犍爲四郡，是爲西南政治區域之始；然其延袤僅及本省東北二部，其西南普思邊地，猶未闢也。兩晉隋唐諸州，屬於羈縻，亦皆局居方隅。南詔大理輻員數千里，版圖差近於元矣，顧與中夏分割自立，不相統屬，以視元之塹山堙谷，啓土開疆，驅八百爲編氓，置緬越爲內郡，大有別矣。故究近世雲南地理之沿革者，當以元代設省，爲其權輿。

雲南之名，爲西漢益州郡之一縣。東漢明帝時，改屬永昌郡。蜀漢名郡亦在滇西，至唐乃有以南詔爲雲南者。

滇繫事略武帝元狩元年（元前一二二年）令王然于等至滇，指求身毒國，是歲有彩雲見於白崖，遣使跡之，乃置雲南縣。（今祥雲縣）漢書地理志益州郡故滇國也，領縣二十四，而雲南居其一。明帝永平十二年（西紀六十九年）以益州地廣，分其西部六都尉地（即不韋巂唐哀牢博南比蘇葉榆邪龍八城。）設永昌郡。蜀建興三年（西紀二二五年）秋，平四郡（益州牂牁越巂永昌四郡）改益州爲建甯郡，分建甯越嶲置雲南郡。華陽國志南中志雲南郡屬縣七，戶萬，去洛陽六千三百四十三里，縣西高山相連，有大泉水名馮河，縣西北百數十里，有山特高大，狀如扶風太一，鬱然高竣，與雲氣相連結，固陰沍寒，雖五月盛暑不熱。所屬之葉榆縣有河洲，遂久縣有繩水。（即金沙江也）以其地考之，所謂高山者，卽今祥雲縣西大理之點蒼山，而雲南一郡，約當今騰越道北部，固未嘗出乎迤西也。新舊唐書南詔傳開元二十六年（西紀七三八年）冊蒙歸義爲雲南王，五詔寖弱。五詔者，除蒙嶲在今建昌道外，餘皆在今大理鶴慶等屬，蒙舍據今蒙化，當五詔南，故曰南詔。要其地皆在舊雲南郡屬，故唐因其所統疆域，而以雲南王封之也。惟是時南詔雖强，尙未全據迤西地，天寶七年，歸義卒，詔立子閤羅鳳襲雲南王，時亦只據迤西地。香山新樂府「從茲始免征雲南。」卽指閤羅鳳時之雲南也。貞元十年，異牟尋復入朝，冊爲南詔王，蓋蒙氏斯時，已東併兩爨，南降傳驃，疆宇大啓，不願名雲南王，故叛則曰大蒙國王，歸中國則守其初服曰南詔王也。

五代兩宋間，滇與中夏絕，雲南一名，遂爲文人所習稱。

五代簒奪相尋，滇則南詔衰亡，鄭趙楊段等，亦相繼建國南中，有如傳舍。宋鑒唐禍，劃大渡河爲界，不惟兵防之嚴，人民往來，亦所切禁。故其時滇於中國，儼同異域，紀載滇事之書，淺薄晦僿，莫可究詰。所謂大長和大天興大義甯諸國，由遑論魏晉，不知有漢之中國人視之，尙不及後五代諸小朝廷國祚之長，固不足以代表南中。卽南詔大理，割據自雄，亦非華夏主權之所及，故其稱述滇事，率以雲南爲名。新五代史南漢世家劉龑立七年，雲南驃信鄭旻，遣使致朱鬃白馬以求婚，龑以增城縣主妻之。王建傳制授西川節度副大使，處置雲南八國招撫等使。唐莊宗紀以孟知祥爲檢校西川節副大使知節度事，西山八國雲南都招撫使。明宗紀天成元年，雲南嶲州山後兩林百蠻都鬼主李卑晚遣使朝貢，帝御文明殿詔曰。雲南素歸正朔，梯航之道路纔通，琛賮之貢輸已至。天成二年九月，西川奏據黎州狀。雲南使趙和于大渡河南起舍一間，留信物十五籠，並雜箋詩一卷，遞至闕下。蓋自唐宋以來，數百年間「雲南一名」已爲文人習用通稱。如隋書梁睿傳上疏曰，雲南甯州，漢代牂牁之郡，唐無名氏所撰之雲南事狀末卷，載陳敬瑄與雲南書牒，又高駢回雲南牒，皆直稱其名，則雲南之號，固已歷有年所，非旦夕之所成也。

元平大理，依漢故事，設置郡縣，立雲南行中書省，於是嚮爲一縣一郡之名者，今擴爲一省之名矣。元之行省，以軍事爲其組織之目的，故凡有關係軍事重地，如蜀之建昌會理，黔之普安順元，均在雲南域內，而西南統緬，封域尤廣。

元史地理志云：雲南湖廣之邊，唐所謂羈縻之州，皆賦役之比於內地。又雲南諸路行中書省，爲路三十七，府二，屬府三，屬州五十四，屬縣四十七，其餘甸寨軍民府，不在此數。其地東至普安之橫山，西至緬地之江頭城，凡三千九百里而遠。南至臨安府之鹿滄江，北至羅羅斯之大渡河，凡四千里而近。方輿紀要元雲南省領中慶等路三十七。府二，曰仁德（今尋甸縣屬）曰柏興。（今四川鹽源縣境）屬府三，曰北勝永昌騰衝。屬州五十。自雲南接四川西南，又東接貴州西境諸蠻皆屬焉。本紀至元八年分大理國三十七部爲南北中三路。十年三月，分金齒國爲兩路。閏六月贍思丁行省雲南，統合剌章（此言黑爨時分布于滇省東部滇池附近千餘里間）鴨赤赤科（鴨赤當即兀良合台傳之押赤當今羅次縣東南爲黑爨首都）金齒（地在今永昌騰越南千餘里間與緬甸接界）茶罕章（此言白爨當今永平以北大理鶴慶諸屬）（詳見第二章）諸蠻。其所謂三十七部蠻者，大抵當民國初元之滇中蒙自二道出此範圍者，僅迤西之鶴慶耳。分爲三路，宜其過大。而金齒在瀾滄江外，幅員遼闊，亦非兩路所能盡。故自贍思丁督滇，即於至元十三年（西紀一二七六年）奏請改訂。蓋所謂三十七路者，統有元一代之成數言，與三十七部有別，今準地理志，列表於後。

路名	屬府州縣	事略
中慶路	嵩明、晉寧、昆陽、安寧、四州。昆陽、富民、宜良、三縣。	至元十三年置。軍民屯田二萬二千四百雙有奇。
澂江路	河陽、江川二縣。興新、路南二州。	至元十六年升路。屯田四千一百雙。
曲靖路軍民宣慰司萬戶府	南寧縣、陸涼、羅雄、馬龍、霑益、越等州。	至元二十五年升置屯田四千八百八十雙。
廣西路	師宗、彌勒、二州	至元十二年、藉二部爲軍、十八年復。
普定路		大德七年置以適姑爲總管。
烏撒烏蒙宣慰司	烏撒、阿頭、易溪、易娘、烏蒙、閟畔、六部。	初爲宣撫司、至元二十四年升。
德昌路軍民府	昌州、德昌、威龍、普濟等州。	至元二十三年改置領州四、立軍民屯。

路名	屬府州縣	事略
威楚路	威楚、定遠二縣。鎮南、南安、開南、威遠四州。領廣通一縣。	至元八年改置。軍民屯田七千餘雙。
武定路軍民府	和曲、祿勸二州。領南甸、元謀、石舊、易龍等縣。	至元十二年改置。軍民屯田七百四十雙
臨安路	河西、蒙自二縣。捨資千戶。建水、石屏、寧州並屬習峨通海	至元十三年改置軍民屯田約四千雙。
東川路芒部路	益良州強州	闕
普安路	初于矢萬戶至元十六年改宣撫司。二十二年改路。	
建昌路	建安、永寧、瀘州、禮州、里州、闊州、邛部州、隆州、姜州	至元十二年、析置總管府九。
會川路	武定、黎溪、永昌、會理、麻龍等州。	至元十四年立路、軍民屯田。

羅羅斯宣慰司	羅羅蒙慶等處宣慰使司都元帥府。	闕
仁德府	爲美、歸厚二縣。今尋甸屬。	元初爲萬戶、至元十三年改府、屯田五百六十雙。
鶴慶路	劍川縣。	至元二十三年升府、軍民屯田二千餘雙。
大理金齒等處宣慰司都元帥府		臨時設置、事竣卽廢
金齒等處宣撫司	轄柔遠以下七路	中統二年立安撫司至元十三年改置、二十三年罷。
柔遠路		在永昌南濕潞江
茫施路		在柔遠南潞江西、卽今芒市。
鎭康路		在芒施東南卽今鎭康灣甸。
鎭西路		在柔遠路西卽今干崖
柏興府	閏鹽　金縣（今四川鹽源縣）	
大理路總管府	永昌、騰越二府。鄧川、蒙化、趙州、姚州、雲南等州。屬永平縣。	至元七年改併、軍民屯田二萬二千一百五十雙。
麗江路軍民宣撫司	北勝府、順州、蒗蕖州、永寧、通安、蘭州、寶山州、巨津州。	憲宗四年立茶罕章管民官至元十三年改路。
元江路	步日馬龍二部。	至元二十五年平羅槃置。
臨安廣西元江、處宣慰司管軍萬戶府		闕
徹里軍民總管府		至元中置。
雲遠路軍民總管府		元貞二年置。

平緬路		接近麓川。
麓川路		柔遠路西、卽今隴川西
南賧路		在鎮西路西。上七路均在騰永南、至元十三年立。
廣南西路宣撫司	安寧州、富州。	至元中立司領五州，改併後、祇餘二州。
孟傑路	由府升路。	泰定三年、八百媳婦請官守置木安孟傑二府。
蒙憐路軍民府		在騰越西南八程、至元二十七年、從雲南省請。
蒙萊路軍民府		同右
附註	按表列二十九路，地理志均有文。自水逹路蒙光路木邦路孟定路謀粘路南甸路蒙兀路六難路皆有名無解，合計適三十七路，屬州府縣亦同，詳見元史地理志	

觀上表知雲南諸路設置，東南開化廣南等屬，較爲疏闊。元史本紀雖稱贍思丁籍兩江儂士貴所部縣三十七戶十萬之言，考之史蹟，僅於至元中立廣南西道宣撫司，領路城等五州，後來安路奪其路城上林羅佐三州，惟領安甯富州，形勢不逮中央諸路遠甚。蓋開廣雖爲滇與交趾孔道，瘴癘蒸鬱，不適於墾，元人用兵安南，又以湖廣爲一正道，故莽莽膏原，等諸甌脫而已。特伯希和(Paul Pelliot)謂在紀元初數世紀中中國在雲南北部與西部，已有行政組織，惟雲南南部貴州全省及上東京之土人，尙非四川及紅河下流官廳（此當指晉

之交趾郡）之力所能及，殊失檢考。蓋西隨都夢二縣，西漢時屬牂牁郡地，卽今之廣南文山馬關諸屬。南詔疆域東南至於交趾無論矣，皇祐初（西元一〇四九年）儂智高以廣源州思浪州叛交趾，攻下兩廣，狄青平之，宋置特摩道，皆有可考。

普安普定當苗領之脊，盤江烏江之源所從出，黔蜀之屏障，滇南之門戶也，故南詔大理據爲東鄙，元置路以屬雲南，匪僅軍事之便利，亦相沿之舊規也。

滇黔地勢毘連，居雲嶺苗嶺之脊，金沙江流經其北，南北盤江貫注其南，二千餘年間，中國文化卽溯洄此兩江之本枝各流，以傾注於滇黔之野，而普安普定，乃其衝也。普安古夜郎地，漢牂牁郡屬，南詔烏蠻居之。元初置于矢萬戶府，至元間，改普安路，隸雲南行省，領和龍習舊八納三千戶所。故城在今普安縣東三十里普定當普安東北，隔嶺相望，爲唐羅甸蠻地，元初置路，至元中又創置羅甸宣慰司於此，領安順永甯鎭甯集安四州。考元設路隸滇，殆以制馭八番。方輿紀要曰：貴州一地，自唐以來，通於中國者，什之一二，元人始起而疆理之，大抵同於羈縻異域。通志貴陽元初爲羅甸鬼國，改羅甸爲軍民安撫司，至元十六年，改順元軍民安撫司，二十年，於司治北增置亦奚不薛總管府，爲宣慰司所屬。蓋此諸番，叛服不常，元人嘗用滇川之兵勘定之，藉保南中驛站，以爲域外軍事中心，間或羈關其地土，收復遠夷，以充軍實。故有元一代，滇黔軍事之發生關係者數十次，而黔之亂自滇討之輒利，以有普安普定也。

川南金沙江大渡河間，爲古清溪道，關山深邃，形勢險阨，與其東南崇崗絕巘中之烏蒙烏撒，同據建瓴之勢，黔蜀之金城湯池，雲南之門戶也。南詔大理數百年中，擁此以窺伺內地，唐人爲之罷敝。元列於雲南省區，所以制其要隘。

按建昌路在今四川大渡河南，西昌縣地，漢卭都國，武帝立越嶲郡，唐曰嶲州，懿宗時爲南詔所據，改建昌府。宋代羈縻於大理。元得其地，置建昌路，又於近地立羅羅宣慰司以統之。漢武開西南夷，諸葛武侯定南中，道出越嶲，蠻皆順命。而蜀漢雍闓孟獲之所誘煽，唐吐蕃南詔之所裹脅，皆此諸夷也。其所屬如柏興府（今四川鹽源卽漢昆明北境）與滇之永甯華坪接界，南詔於此置香城郡，元爲落蘭部，至元二十七年立府，地通滇蜀，饒鹽利，西陲之屛翰，而建昌之根底也。府西南有昆明城，以南接昆明夷而得名。會川路在建昌東南五百里，南詔置會川都督府，又號清甯郡。元置路，治武安州，隸羅羅斯宣慰司，路西控瀘水，南環金沙，爲衝要地，由滇北窺川蜀，其必爭之所也。蓋雲南自古通道有四：自建昌會川渡金沙江入姚安白崖爲古路，卽漢唐之石門道清溪道也。其西自嶲州出鶴麗永甯爲西路，亦曰姚巂路，唐天寶間出師由之，元季置郵於此。其溯沅江由普安曲靖以入滇，是爲東路，肇自莊蹻明沐英等出師由之。又由重慶綦江經貴州入滇爲間路。此四路者，皆賴長江爲一通道，而建昌所關尤大。世祖分兵三路入滇，皆從此方，至順初諸王禿堅之亂，羅羅斯土官撒加伯等響應，元竭中原數十萬人之力僅乃克之。而地連烏蒙烏撒，延袤數千里間，番夷蒙回，與漢雜處麕集，元於此設驛治道，立三屯，所以控其險阨，絕其亂萌也。

西南臨安路，迤南之首府，交趾之孔道也。

臨安據滇南服，路治今河西通海，在杞麓湖南，又曰休腊，昔莊蹻王其地，漢爲眗町國，南詔立都督府二，其一曰通海郡，大理段思平卽以此討楊干貞而得國，後爲阿僰蠻所有，世爲重鎮。其思陀步雄皆有名一時。元憲宗時，兀良合台討阿伯國平之，立萬戶，至元八年改爲南路，十三年，又改爲臨安路，領河西蒙自二縣，建水石屏寧州三州。州領通海嶍峩二縣。其建水州在本路南，接近交趾，爲雲南極邊。元史地理志謂建水城卽步頭，然考蠻書通海城南十四日程至步頭。從步頭船行沿江三十五日出南蠻，則元史之疏略亦可知矣。近法人伯希伯(Paul Pelliot)以爲步頭卽蠻書之賈勇步，賈耽之古涌步爲安南沿紅河而上之終航點，又以賈耽路程，總計由古涌步水路至安南凡千五百五十里，因置其地於今之蠻耗(Man hos)，與河江（地在今馬關縣賭咒河下游之沱江上，曰河陽縣屬安南，由此下流迄河內北數十里而會紅河者也）二地，爲漢唐以來，滇越交通孔道，南詔之擾安南及王知進何履光等之討南詔，均出峯州（今安南山西或白鶴）取道於此，其言似無可非難者。然元史地理志安南郡縣附錄歸化江路地接雲南；宣化江路地接特磨道；沱江路地接金齒；諒州江路地接左右兩江。是知元代滇越通道，亦頗不少。蓋盤龍江沱江左江元江李仙江籐條江南烏江，隨在皆可通行，世祖時如納速剌丁張庭珍等之奉使安南，固皆由臨安一道，元史安南傳初使止由善闡黎化往來，至元十五年，帝命柴椿等自邕州往，其王卽上書拒絕，請由舊路。二十二年（一二八五年）元官兵出安南伐占城，六道進攻，轉戰富良江上。二十四年伐安南，雲南兵六千參加，愛魯領之，蹤以思明爲其主力，而滇省亦由此出兵資助焉。

元江威遠，自昔皆徼外荒僻之地，而元開之。

元江自昔爲阿僰諸蠻所據，蒙氏於此立「步日甸」，徙白蠻鎮之。憲宗四年，兀良合台討玻麗國平之，當卽此地。爾後屢叛，至元十三年，立元江府以羈縻之。二十五年，命雲南王討平之，割羅槃馬龍步日（今因遠縣佐地）等十二步於威遠，立元江路。又威楚路下曰開南州在路西，南詔於此立銀生府，自南詔至段氏，皆徼外，元中統三年平之，後改州，其西南威遠州亦蒙氏時始通。按開南州今景東縣，威遠州今鎮沅縣，元江十二步，均在今元江流域，開南威遠，則在把邊江上游。

其西南接車里，則臨安之外圉也。

郡國利病書兀良合台伐交趾經車里悉降之。至元中，置總管府，領六甸。其地東至落恐蠻（今臨安石屏境），南至波勒蠻（今英圖作(Puloi)西至八百媳婦，北至元江府，西北通孟連，由鎮沅南行二日入其界，又二日至普洱，又六日至九龍江外之宣慰司。按此所言乃明制，其宣慰司所在之位置，乃元之小車里也。元史地理志大德中，雲南省言，大徹里地與八百媳婦，犬牙相錯，勢均力敵。今大車里胡念已降，小車里復控扼地利，多相殺掠。今胡念遣使指畫地形，乞別立車里軍民宣撫司，以爲進取之地，乃立車里軍民總管府。由此觀之，則元之車里初歸附於兀良合台者，似爲九龍江外之小車里，大德中所置總管府，則湄工河流域北岸江洪孟連諸城之大車里也。小車里全有今普洱道，南北延袤凡十餘程，廣輪三四千里。大車里北與相接，版圖愈大。兀良合台傳憲宗五年丙辰（西元一二五六年）冬十月征交趾，則平車里應在五年前，即用兵元江威遠後之一年也。車里既平，於是南與八百媳婦爲界，元於交趾支那半島又開一通道矣，成宗後，以經營八百媳婦而有木安孟傑諸路之設，則八百者，又車里之屏蔽也。

元史本紀至元二十三年，也先不花爲雲南平章政事，阿郎馬可丁諸僰夷爲變，討平之，遂立登雲等路府州縣六十餘，得戶二十餘萬，官其部長，定其賦稅，邊境以甯。夫也先不花爲倡議征討八百媳婦之主動者，則登雲諸路，卽八百領域，而爲劉深哈喇岱出兵之先驅也。顧成宗欲征八百而不能克，泰定時，蠻自請置官，是官之置，已自也先開之也。八百疆界，據利病書稱由車里南行當日至八百媳婦宣慰司。又曰八百大甸南至波勒，西至大古剌，北至孟艮（卽科干山地）府界，自姚關（今保山縣南境）東南行五十程至南格剌山，山下有河，南屬八百，北屬車里，平川數千里，轄境廣遠。以今輿地度之，八百媳婦者，當緬越暹羅間，自暹羅之景邁(Chiug Mai)景線(Ching Saan)起，向北與我孟連孟艮接壤，卽今英圖所作之撣國(Shan States)，明之八百大甸，今暹羅之北鄙也。元史地理志泰定三年，八百媳婦蠻請官守，置木安孟傑二府於其地，所謂孟傑路，當卽今景邁北之 M. Che 耶。此外蒙慶宣慰司及孟絹路亦在此方，見明史地理志。

車里西北，木邦孟定諸路，地當衝要，則龍川江通緬之道也。

木邦當潞江西岸，東至耿馬孟定孟連與車里界，北至遮放芒市，西北至猛卯，南坎，南經猛密至緬甸。自姚關渡查理江（卽潞江也）十二程至其地，相傳此卽蜀漢木鹿大王苗裔。至元十六年，立木邦軍民總管府，領三甸。至順中置路。其北有蒙憐路蒙萊路，俱至元中置。其與木邦相接潞江之東者，爲明孟艮禦夷府，今科于山也。府東有木朶路孟隆路，俱元泰定三年置。東北有孟愛路至元二十六年置，（卽今江洪等地）更東北有孟定路當查哩江（當卽南丁河）與麓川江（卽潞江）會口。路東南有謀粘路木連路（木連當卽孟連）及木來府，而木邦路及猛密間，有孟廣部，疑卽蒙光路之對音，蒙光距省三十二程，爲最遠之站，要之此諸路者，爲由滇晉緬之一通道，乾隆三十二年，明瑞將軍卽由宛頂木邦入緬者也。

金齒者，滇省西南軍事之重鎮也。

地理志金齒等處宣撫司，其地在大理西南蘭滄江界，其西與緬地接，土蠻凡八種：曰金齒，曰白夷，曰僰，曰峩昌，曰驃，曰繲，曰渠羅，曰比蘇，憲宗四年內附。至元八年，分金齒白蠻爲東西兩路安撫使，十二年改西路爲建甯路，東路爲鎮康路，十五年改安撫爲宣撫。立六路總管府。馬可波羅游記第五十章，記金齒部，其地男子用金套牙，因得名，人民臣屬大汗，崇拜偶像，首府曰永昌。明永昌張志淳南園漫錄金齒非永昌云。金齒非地名也，事見於漢唐。至元伐緬甸八百媳婦，爲金齒夷所遮，遂伐金齒諸國，此正東漢所謂永昌徼外之夷，今大白夷種也。後元立通西府於銀生甸即金齒夷之地，地有蒙樂山，最後不能守，移金齒衞於永昌府。洪武十六年，金齒爲思倫所屠，指揮李觀，猶以通西府印來署，掌永昌府事。又元設大理金齒等處都元帥府於永昌內外之分猶嚴，自指揮胡淵竟以永昌爲金齒司，王驥等復立學校碑記，不知其原，遂以金齒夷名，誤爲永昌矣。按元代征緬，金齒爲一重鎭，賈耽所撰入緬甸之兩道，其西南一道，由諸葛城（在潞江龍川江間）南至樂城二百里，循祿郫江至於驃國，伯希和以祿郫江西與彌諸江合，過驃國南入於海，彌諸江即 Chinwin R. 江，而祿郫江即 Irawadi R. 江，則樂城以下，爲龍川江下游之 Nam-maw 河，經木邦以入緬者也。

其西南設六路總管府，隸宣撫司，則大盈江通緬之道也。

六路者柔遠芒施鎭康鎭西平緬麓川，外有南賧是也。柔遠南負高黎貢山，北臨潞江，東北距永昌三百五十里，即今潞江縣佐地。芒施今龍陵西南芒市土司西南接隴川木邦，川源曠邈，而田土富饒。鎭康當保山南，潞江東岸，西至木邦必經之路，距省二十三程，今鎭康縣也。鎭西路明史稱即干崖宣撫司。平緬即明隴川宣撫司，在隴把東北。麓川路在隴把城南，當今猛卯境，其地域所包甚廣，南與緬接，故明史稱，距省五十程，當就其遠者言之。鎭西平緬麓川三路，由此通江頭城，爲至緬正西一道，元史緬甸傳詳言之。顧吾所疑者，鎮西一路，元史地理志稱在麓川路西。元史本紀也先不花於元貞二年，征奇藍拔瓦農開陽兩寨平之，於其地置雲遠路，郡國利病書孟養宣慰司俗名迤西，與蠻莫同襟金沙金（卽伊拉瓦底江），孟養居其上流（卽邁立開江），南至抵馬撒有碧瑱琥珀，至元二十六年，始置雲遠路，明正統中，地爲麓川思發所據，王驥礱石金沙江上曰：石爛江枯方許渡，是雲遠路之在江西岸，亦卽鎮西路也。蓋元之鎮西路極大，明有麓川之亂，因而縮小，故僅以干崖當之。通西路之名，明史地理志載之稱在平緬路西，至元二十六年置，距省六十六程，而元史地理志則有鎮西而無通西雲遠，且記文闕佚，必史家選其通用者而著之耶。明史麓川西鄰雲遠，東至芒市，南接木邦，北至干崖南甸，則太平江與邁立開江間之土地，皆其版圖也。考今邁立開江上游，孟養南有城，與蠻莫平行者，爲 Kotha 及 Wuntho 二城，當卽開陽及瓦農二地之對音，前者疑卽鎮西路，後者爲平緬路。伯希伯所謂雲南入緬正西一路者也。南睒一名，明史稱在干崖西北，考今雲南全圖干崖西北界外，北緯二十五度，東經九十七度七分，萬仞關西有地曰南登者，當卽此地。睒杜覽切，南詔時，縣之別名也，與南甸別。南甸當騰越南，至元中於此立軍民總管府者也。騰越西北陋麻雲龍諸甸，則恩梅開江通緬之道也。

明史里麻長官司東與茶山接，其西北砦野人所踞，有整冬溫冬二山部，皆峨昌夷，舊屬孟養，茶山南接南甸，距騰越西北五日程，北距高黎貢山，地極高寒，五谷不蒔，人强獷喜鬥，北與麗江野人接境。蓋茶山即今小江及恩梅開江流域片馬諸寨之夷，里麻即恩梅開與邁立開兩江中之江心坡諸夷也。雲龍甸亦在此處，即今雲龍縣跨潞江小江境，元於此設陋麻和管民官。六難路甸軍民府，雲龍甸軍民府，均闕文。其他如縹甸軍民府，二十四寨等多不可考，要其地在緬京之東北，即明史之大古刺（在孟養西南）亦曰擺古，濱南海與暹羅鄰。元史謂至元二十年，桑阿克達爾自將一軍，從驃甸徑抵緬國，與由羅必甸進軍之台布會者也。元地理志雲南封域西至緬地江頭城，江頭城伯希和置其地於今八莫（Bhamo），此就伊拉瓦底江之起航點論則可，若夫元代滇之境域，固遠渡此江而南也。

緬甸東連木邦與鎮西平緬接，元初屢加討伐，置行省，歸滇節制，滇之外府也。

緬於漢爲撣，於唐爲驃，在永昌故郡南二千餘里，南詔閣羅鳳異牟尋（西元七五〇年至八二〇年）曾討降之。元史本紀至元十六年納速剌丁將大理軍抵金齒蒲驃曲蜡緬國界內，招降忙木巨木秃等寨三百，籍戶十餘萬，詔定賦稅，立站遞。十七年詔納速剌丁將精兵萬人征緬國，雲南行省發四川軍萬人，命藥剌海領之同往。十九年以太卜爲右丞也罕的斤爲參政，領兵以行。二十年以萬戶不都蠻鎮守金齒，二十一年太卜等七萬人分道征緬，於阿昔阿禾兩江，造船二百艘，順流攻之，拔江頭城令都元帥袁世安戍之，遣使招諭緬王不應，建都太公城乃其巢穴，遂水陸進攻太公城拔之。二十二年，以雪雪的斤爲緬中行省左丞，阿台董阿參知政事，兀的迷信簽行中書省。二十五年，命皇孫雲南王也先帖木兒參知政事，帥兵鎮大理等處，敕緬中行省，一稟雲南王節制。蓋元初所謂緬甸者，不獨政治爲雲南附庸，卽領土亦雲南外圍也。成宗以征討八百媳婦之失敗，對於緬中始取懷柔主義，泰定三年（西紀一三二六年）緬王答失必牙請復立行省於迷郎崇城，不允。嗚呼，自是而後，遂不復有十數萬人之征伐，如世祖者，能郡縣緬甸矣，此滇之所以終於三迤也。按緬中五城曰江頭卽今八莫，曰太公（Tagaung）曰馬來（Male）曰安正曰蒲甘緬城（Pagan）今並詳於英圖，皆上緬甸之重鎮也。

安南占城當富良江湄工河下游，與滇接壤，結爲兄弟，視同上國，蓋亦魯衛之政也。

元史安南傳自憲宗丁巳（西元一二五七年）年兀良合台分兵三路由車里攻下安南都城後，遣納速剌丁爲使，諭其王入朝，幷爲其國達魯花赤。至元初，封皇子爲雲南王，往鎮大理善闡交趾諸國。其使奉獻綱貢，一詣善闡奉納，一詣中原拜獻。而中原使臣，亦率啓道善闡以往交趾。至元二十二年，鎭南王統軍征占城假道安南，其王陳日烜舉兵抗之，索多等軍至占城以天氣過熱，蒙古兵多病死，遂退入安南。二十四年正月，更發湖廣三省蒙古漢劵軍七萬，分道討之，置安南行尚書省，受鎭南王節制，兵渡富良江，入其京師交趾城，繼以糧船被沒於海，大敗，班師。然觀賽典赤贍思丁傳交趾叛服不常，遣人諭以禍福，約爲兄弟，交趾王大喜，乞爲藩臣。及其死，交趾王遣使襄經致祭。張廷珍傳廷珍責其王光昞曰，雲南之兵，不兩月可至汝境，覆汝宗社，有不難者。光昞語廷珍曰，汝官朝列，我王也，相與抗禮，古有之乎。汝過益州見雲南王拜否，則安南王所希望者，亦僅與雲南王或平章爲平等之待遇耳。顧炎武曰前志有西南夷土司志諸司隸行省如滕薛之役宋，則阿瓦江頭，吾南土也，奚冠以西南而令自爲役司耶。嗚呼此誠通論矣哉自後世不振，日棄地如甌脫，如安南者，中法之役，吾國雖戰勝，猶拱手以揖盜，於是樊籬盡撤，滇事遂不堪問矣。

要之元雲南省之設，所以宰制海南諸藩，故轉戰於外，而屯守於內。利病書曰：滇以雲南楚雄臨安大理等府爲內地，而以八百木邦車里麓川爲樊籬，信乎斯言。

考元代滇之屯墾區凡十二所。曰中慶路屯田二萬二千四百雙，威楚路屯田七千一百雙。武定路屯田七百四十八雙。澂江路屯田四千一百雙。仁德府屯田五百六十雙。曲靖路屯田四千四百八十雙。鶴慶路屯田二千雙。永昌騰充二府，屯田二萬二千一百雙。臨安路屯田五千一百五十雙。此外金沙江以北，會川德昌建昌三路，亦幷列屯。十二屯中，如中慶威楚武定仁德鶴慶及會理等七屯，均屬今金沙江流域南北。曲靖澂江臨安則屬盤江流域。騰充保山則屬潞江龍川江流域。要之。此諸路者，皆千餘年來中國文化傳達之所，合剌章茶罕章鴨赤金齒之所治，明地理志之所謂內地者也。顧諸屯中，以兩迤較，滇東居其大半，迤西惟鶴慶騰永有屯，而大理無之，殆以段氏世封之所，而寬免者耶。大德後，烏蒙烏撒悉設屯所，開驛站，蓋取其兵糧卒役，以資外用，而滇川黔之間，亦藉保其軍事關係焉。

元代圓通寺佛陀之遺跡

元代雲南史地叢考第三一頁之前

元善闡城之舊址

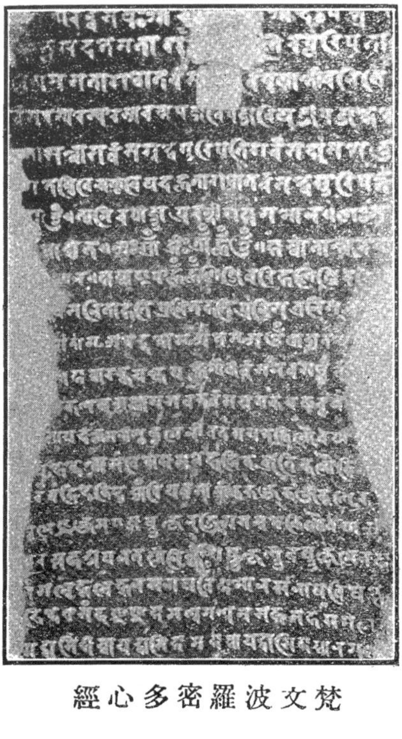

梵文波羅密多心經

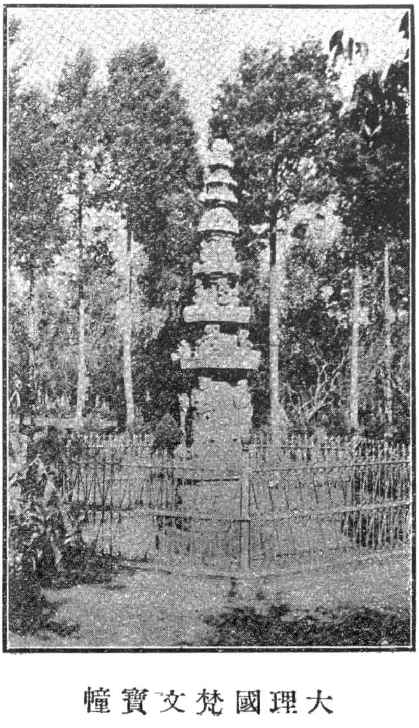

大理國梵文寶幢

三　昆明縣與善闡城

考元史地理志四至元十三年立雲南行中書省，初置郡縣，改善闡爲中慶路，領昆明富民宜良三縣，是昆明爲首縣，善闡卽省城也。然新唐書地理志昆州本隋置，後廢，武德中復置之屬益甯晉甯安甯秦臧四縣。是滇池以北地，唐爲昆州，而非昆明也。

昆明之名，始見於史記，本滇西游牧部落之一，與滇國夜郎勞深靡莫等，同爲漢族莊蹻之苗裔，其疆域在今永昌大理間。

華陽國志夷族大種曰『昆』，小種曰叟，此與昆弟之義同。蓋滇與昆明，形同魯衞，故「滇」之義釋顚，以象徵其高。昆明之義且與日月比明。要皆中夏苗裔，流衍蠻中，各藉地望名位以自翹異，猶是滇與夜郎自大之故智也。史記西自同師以東，北至楪榆，名爲嶲昆明，皆編髮隨畜遷徙無常所。楪榆今大理鶴麗等屬，鄉賢戴絅孫謂，同師卽永昌。依此推定，則漢代西南夷中所謂昆明者，實據今保山大理間，與越嶲諸蠻接，地當西南大狹谷間，山勢高矗；水草豐美，故俗尙游牧。

元封初，滇請降置吏入漢版籍，獨昆明未附。

史記註崔浩云：巂昆明二國名。正義曰：巂音髓，今禮州也。以南接昆明地得名。自漢武帝元狩二年，（西紀前一二一年）遣王然于十餘輩求身毒，爲昆明所阻，使者還報，因於長安西，鑿昆明池以習水戰。元封二年，以兵臨滇，滇王離西夷舉國降。所謂西夷者，卽昆明也。全祖望昆明池考曰，迨兩越旣定，滇王內附，而昆明卒不通，郭昌將兵擊之，無功而還。

兩漢魏晉中，永昌諸夷，相率隸郡縣，昆明仍不附，時倡亂於諸蠻。

昭帝始元四年，姑繒楪榆與益州廉頭反，殺益州太守。明年王平田廣明等破之，斬首捕虜五萬餘，獲畜產十餘萬。光武建武十八年，（西紀四二年）姑復楪榆滇池昆明諸種夷反，遣劉尙發夷漢一萬三千人擊之，尙軍渡瀘水，大敗羣蠻，追至不韋而還。章帝建初元年，哀牢王類牢叉反，太守王尋奔楪榆，發夷漢九千人討之。明年昆明夷鹵承，率種人與諸郡兵大破之，斬類牢，傳首洛陽。夫王尋鹵承之功，皆在楪榆，是昆明一部，東漢數百年來，仍雄長於滇西也。不甯惟是，安帝元初五年，（西紀一一六年）越巂永昌益州諸夷之叛，衆十萬，益州刺史張喬，遣從事楊竦，將兵至楪榆擊之，三十六種皆降。蜀漢黃初四年（西紀二二三年）越巂叟帥高定元，益州太守雍闓之叛，武侯渡瀘水，進兵白崖，而孟獲降。是知昆明者，以楪榆爲境，北接越巂，地在今四川鹽源及永北大理鶴麗諸屬，廣土衆民，爲羣蠻長。故華陽國志曰夜郎滇國以西，皆莊蹻苗裔，分侯支黨，傳數百年也。隋唐以來，兩爨六詔同興滇土，昆明稍爲所掩，然蒙氏之强，張氏成之。其族之散居西洱河者，叛服不常，亦爲蒙氏所剪滅。

滇載記武侯既平南，封白崖仁果之後龍祐那爲酋長，賜姓『張』。所謂仁果者，滇考謂莊蹻既定滇池，使部將小卜，引兵收復滇西諸蠻。古滇說蹻崇信佛，不忍殺生，遷居白崖鶴拓浪穹，衆推其後仁果爲王王滇。仍稱「白國」。按元人張道宗所記古滇說及楊升庵之滇載記，同出於土著以僰文所記之白古通，說雖異於史漢，頗與華陽國志太平寰宇記之說同，則龍祐那爲莊蹻後，可決無疑。顧炎武且承認之，（見肇域志）蠻書龍祐那傳十六世至唐初，有張樂進求者，遜位於蒙氏。張氏稱昆彌國，或白國，建甯國，其年系莫可推詳。唐書武德初，遣使招降南中部落，册張樂進求爲首領大將軍，及南詔細奴羅，部衆日盛，始代張氏立國，而仍奉唐正朔。數傳至皮羅閣併五詔，破吐蕃及「洱河蠻」入朝於唐，封雲南王，於是其族之散居西洱河者，亦爲蒙氏所併滅。

蓋昆明一國，由漢迄唐，實滇西佛化首都。

昆明西接吐蕃，南通緬甸，約二千里，後漢書哀牢傳永甯元年（西紀一二〇年）撣國王雍由調遣使由永昌詣闕獻樂及幻人，能呑刀吐火，自言我海西人也，海西卽大秦，爲古羅馬，此滇與海南及歐西諸國交通之濫觴也。張騫使大夏，得蜀布邛竹杖，歸告武帝，帝使王然于等出西南夷以求身毒，屢阻于昆明，（西紀前一二八年）而漢使不絕，則滇通印度，非無徵也。古滇說，周宣王時天竺摩耶提國阿育王生三子，俱健勇，父有神驥，爭欲得之，王莫能決，命左右曰，將我神驥，縱馳而去，有能追獲者，主之。縱驥東奔，季子先至滇之東山得之，因名其山曰「金馬」，長子後至西山，因名其山曰碧雞，次子後至北野，各留屯不回，阿育王憂思，遣舅氏神明以兵迎之，爲哀牢夷所阻，遂歸滇各主其山，死而爲神。又曰阿育王三子並神明四舅甥之餘衆，與莊蹻兵同諸夷雜處，蹻爲滇王，崇信佛教，不忍殺生，遷居白崖鶴拓浪穹，衆推其後仁果爲滇王，改姓「張」。考釋迦入寂於西紀前四七八年，阿育王當國乃西紀前三世紀，正我國周赧王秦始皇時，上距周宣王五百餘年，似道宗之說出於無據。顧莊蹻入滇，值秦奪楚黔中郡（西紀前二七七年）正阿育王卽位後二年，而派傳敎師傳敎各地，爲西紀前二五九年，當莊蹻入滇後十八年，則蹻晚年信佛西遷之說，不能謂爲無據。且唐書載西洱河蠻松外蠻（方輿紀要謂地在今祿勸東川界內之松外龍山）言語風俗大約與中夏同。貞觀中，嶲州都督劉伯英上疏請擊松外諸蠻，西洱河天竺道可通。又雞足山志引白古通云：雞足山上古之世，原名青嶺山，阿育王時，勅長者明智護日李求善張敬成等，來創迦葉等庵，爲有名勝之始。新唐書高駢以南詔尙浮屠法，故遣浮屠景仙攝使往，酋龍與其下迎謁且拜，乃定盟而還。南詔野史南詔第三世主誠樂，崇信佛敎，封阿育王三子一舅皆諡以帝號。然則昆明國者，滇西佛敎之一都會也。其與佛敎相關之『金馬碧雞』，唐以前爲滇西方山（吾疑爲雞足山）之神，唐中葉後，則因昆明之移於滇池平原，其神亦隨之俱移。

『金馬碧雞』之說，昔李厚庵先生辯之極詳。其言曰：「金馬碧雞神也，非山也；一山之神，非二山之神也；更非昆明之二山之神也。」漢書郊祀志：或言益州有金馬碧雞之神，可醮祭而至。宣帝五鳳元年，（西紀前五十七年，後於武帝伐昆明四十八年。）遣諫議大夫王褒使持節求之。地理志越嶲郡靑蛉下云：則禺同山有金馬碧雞。應劭曰靑蛉水出西，東入江也。水道提綱大姚河卽古靑蛉水，實匯蛟龍江入金沙江。集韻禺魚容切，與同龍俱疊韻，則今大姚河所出之「龍山」，爲「禺同」無疑。按方輿紀要大姚縣北十里有馬家山，高山羣山，又北二十里，有方山，漢志金馬碧雞，或以爲卽方山也。說亦略同。惟靑蛉楪榆（卽今大姚姚安祥雲賓川大理等屬）壤土相接，實爲古昆明國境，故金馬碧雞者昆明佛敎之神也。

迄元則因省治之爲昆明，滇池亦誤爲昆明池。

元史地理志中慶路之昆明縣有昆明池，五百餘里，夏潦必冒城郭。然於晉寧呈貢歸化昆陽各屬，皆曰濱滇池，是池以昆明縣得名，非滇池即『昆明池』也。全榭山曰元段世之答梁王曰。若欲修好，當待昆明池作西洱河，豈知夫西洱河之本昆明池也。按唐以前之昆明池即今大理之洱海顧此非由元人之誤會實有歷史之事實以爲其背境。蠻書雖有其地舊昆州，故謂昆池之語，並未言此地之爲昆明池之爲昆明池也。以此責綽，何得謂平。榭山當亦知其然也，故又謂乃沿襲史漢之謬，言史漢西南夷傳三輔黃圖皆曰：昆明有滇池，武帝象之於長安。今雲南府之滇池，亙古未有移也，昆明尚在其西，相去九百里，而忽接言之，遂使今雲南府之首縣，即以昆明名誤矣。三輔黃圖茲未暇考證，若史漢並無如全君所稱文句。惟史記西南夷列傳，蹻至滇池下正義曰：括地志云滇池澤在昆州晉寧縣西南三十里。括地志乃唐顧胤等撰，三輔皇圖亦經唐人修補，即曰昆州，亦引用隋之地名，不得謂史漢所稱。然則榭山於滇池非昆明池，仍不得其證也。今請稍申鄙臆。夫滇垣自晉後數百年，爲西爨首都，隋初置州羈縻，用人猶不能外爨氏。西爨白蠻本漢族苗裔，於諸蠻爲長，與夷族大種曰「昆」之訓符，故置昆州以與曲靖方面之恭協二州並列，然隋之昆州，與樊綽所紀之昆州，確有不同，漢之昆明有「金馬碧雞之神，」一在楪榆青蛉境，迄唐已由迤西移於滇池，（說見蠻書）是唐之滇池，眞已化爲昆明國矣。樊綽謂昆池之名，由於昆州，實則大異。不知今省垣地，本古滇國，而池爲滇池，自南詔徙昆明蠻以實拓東，於是其地遂稱昆明，而池亦爲昆明池也。

蠻書名類河蠻本西洱河人，當六詔皆在，河蠻自固城邑。開元以前，常有首領入朝，命爲本州刺史，受賞而歸者。後羈制於浪詔，貞元十年，浪詔破敗，復徙於雲南東北拓東以居，它如散居鐵橋（今麗江縣）北上下，大婆小婆（即大勃弄小勃弄當今祥雲白崖謂之勃弄瞼）昆池諸城之磨蠻，分隸昆州左右及兩爨故地者，亦至萬戶。又六瞼第五云：太和城大釐城陽苴咩城，本皆河蠻所居之地。開元中，蒙歸義襲破之。考洱河蠻隨浪詔爲南詔所併滅，事在西紀七九四年，而樊綽蠻書之成在懿宗咸通四年，爲西紀八六三年，後於徙蠻者六十九年。彼昆明國者，乃滇西千餘年漢化佛化之一大國。其部酋之馴服者，如張樂敬求既推位讓國於蒙氏，而狡黠獷悍之諸部，如弄棟青蛉大小勃弄松外以西，西洱以東諸部，名號不一，各擅山川，不相統屬，其見併於南詔者，大都驅之遠行，移徙拓東。史稱皮羅閣浸强大，而五詔微弱，會有破洱河蠻之功，乃賂王昱求合六詔爲一，朝廷許之，因冊蒙歸義爲雲南王。南詔碑稱『恩收二詔，奠定洱河。』然則昆明之於唐初，實擁滇西無上之政柄，故併滅洱河，卽有雲南王之資格，唐因勢勅封，固非奢也。夫恆情安土而重遷，彼昆明者，亡國喪家之餘，流離播遷，有如鹿豕。雖無力以抗衡新朝，而有志於光復故國。於是其黍離麥秀之思，城郭人民之感，抑鬱莫伸，遂不覺形之山川草木間。凡於新地城池，錫予舊名，以示不忘，有如東晉後南方僑置之郡縣然。故『金馬碧雞』在漢爲滇西勝蹟，而蠻書所載，則易於今省垣。蓋昆明國人崇信佛教，累世不絕，無怪其不忘情於金碧也。觀元史地理志於大理等處，不曰昆明，不曰西洱河蠻。於滇池四周諸縣，皆曰濱滇池，獨於拓東城所在之地，曰昆明縣，所臨之池，曰昆明池。可知前者其族已移，無復殘遺之部落。後者以昆明之衆，祇移今昆明縣境，未嘗沿滇池而西南，故仍以滇池稱也。尤有進者，今昆明縣西北各鄉有蠻族曰「白子」者，其邨落碁布，言語風俗，頗同於迤西之「民家」，彼其族，卽古昆明遺民。是則昆明一名，古大而今小，唐人名之，宋元承之，其謂元人之誤者，則尤誤矣。

善闡爲唐宋以來南詔大理之東都，卽拓東城也。

南詔野史曰：南詔歷代稱名不同，周爲善闡國，蒙苴頌所領。又曰天竺摩羯國阿育王之第八子蒙苴頌，爲白子國仁果之祖。苴頌居白崖，後號昆彌國，年代久遠，世次莫考，則善闡者，卽昆明之故國。

也。自宋仁宗嘉祐八年，高智昇討楊允賢封善闡侯，子孫世守，迄於元，爲東方重鎮。善闡一名，不知所本。余所假定之解釋凡二：一爲梵語之「佛國」，一則推定善闡一族，實爲撣國(Shan states)之苗裔，後與莊蹻兵雜處，白崖乃號昆明，至善闡爲城，始於八世紀頃，蠻書拓東城廣德二年（西元七六三年）築，德化碑稱，改元贊普鍾之十四年，當唐代宗永泰元年，（西元七六五年）鳳伽異所置，六世孫券豐祐改曰善闡，歷五代及宋，羈縻而已。元史世祖征大理凡收府八，善闡其一也，然則宋代之善闡，又由城名擴而爲府名矣，至元七年，改善闡爲路，十三年立雲南行中書省，初置郡縣，遂改善闡爲中慶路，中倚郭，則善闡又由府改路，由路縮而爲省城矣。

善闡城址，在今省垣南關外，西起鷄鳴橋，東迄聚奎樓外之桑園，南抵南壩，北踰廣聚街。

蠻書碧鷄山在昆明池西岸，與拓東隔水相對，水源從金馬山東北來，至碧鷄山下爲滇池。續宏簡錄善闡城際滇池，三面皆水，元爲中慶路，梁王駐焉。張立道傳夏潦暴至，必冒城郭。按省垣南部，地勢較低，接滇池處，尚在數里外，每值淫潦，易致浸沒，若今城則雖遇夏潦，嘗獲安全，此善闡在今省城南之一證。賽典赤贍思丁傳王死葬闡善北門。南詔野史元咸陽王賽典赤墓在縣城北門外。續雲南通志明學士王禕墓在縣城內地藏寺。以現今方位衡之，地藏寺當今城南門外四五里之聚傘樓（卽雲津橋）附近。咸陽王墓卽在寺東南半里地。則地藏寺者當年元故城西門內之一寺也。此善闡在今省城南之二證。明布政使陳文南壩閘記曰：蒙段時，過春登里，堤上多種黃花，名遶道金稜；河過雲津橋者，堤上多種白花，名縈城銀稜。今所謂南壩，卽縈城銀稜之所在也。按雲津橋沿金汁河南下，經玉帶河至南壩一段，既名曰「縈城」，是玉帶河卽當年之城河也。此善闡在今省城南之三證。雲南通志東西二寺塔在拓東城中，唐宣宗大中八年（西元八五四年）大匠尉遲恭韜所建，北距圓通山凡數里，然今二塔俱在城外，而非城內。此善闡在今省城南之四證。要之今省垣南關外商埠之區，卽曩昔元故城內繁華之地。三皇宮左右，今雖荒蕪滿目，瓦礫徧地，而壞垣古道，約略可數。玉帶河之大部河堤，似沿舊城加以修葺，馬跡蛛絲，可斷言也。

至今昆明市城，創於明初，非元之故物也。

阮元聲言：鳳伽異築省城，未立而死。城東宣武王築小城順化（卽古城）北十里玉女城，乃梁王築。然則通志稱：洪武十五年沿舊城重築牆城者，乃續鳳伽異未竣之功，非善闡城明矣。蓋善闡亦卽順化，淸初名曰「古城。」善闡地卑，易致水患，故明人築城，漸移向西北高地。但築城之始，僅資藩王駐守，間以屯戍將佐，及江南大戶。迄淸初吳氏開藩，人口漸增；然亦以衙署寺院爲多。庭聞錄略言：兩番二寶法王哈馬等來奔，今居南關外「古城，」吳世璠僭號，築壇於「古城」卽善闡也。
及丙辰（西元一八五六年）回漢之亂，亙十餘年。於是玉石俱焚，千年故都，遂亦與世長辭矣。

安甯楊一清謁咸陽王墓詩

雲南行省創設者賽典赤贍思丁墓

四　蒙族回族之移滇

英史家霍渥爾特氏曰：蒙古西侵，乃將昔日阻塞未通之道途，盡開闢之，而使一切民族，聚首相見。善哉斯言！滇之開，始於戰國，其文化彬炳，足與中原抗衡之爨南詔大理，實以漢民族遷移，爲一重大之原動力，前篇論之詳矣。自宋太祖玉斧一揮，以大渡河爲界，不遑經略南中，於是滇之文化，乃忽趨於停頓現象者三百餘年。元起漠北，囊括歐亞，當是時也，太弟忽必烈更率軍南征大理，深入緬越，回軍川陝兩湖，以收拾南宋殘破之山河。於是西南滇黔故地，再加入中國版圖，而新興民族之「回回與蒙族」復風起雲湧，移殖雲南，與滇之新舊漢族，爨僰百蠻，相聚一堂，相鎔一冶。嗚呼！霍氏之言，其於滇也，殆更得一適當之解釋矣。

夫蒙回開滇，肇始元代，然論者異趣。

日本稻葉君山曰：雲南回族，據彼教門中人言，西元第八世紀之頃，雲南大亂，八格達特（即今米索波達米亞之報達 Bagdad 市也）敎王應中國皇帝之請，發士耳其兵三千以助戰，及亂平，遂家焉。又曰或言移殖於元代，皆不可考。按西元第八世紀，適當中國唐玄宗至德宗之朝，滇之南詔勃興，勘定西南諸部，兩入安南，數陷成都，唐防寇不遑，安能借兵報達，定亂南中，卽謂至德初，曾一出兵與回紇收復兩京，然其勢力亦僅及於甘陝，無由證其南來。考當世西南邊徼紀載翔實之蠻書，成於樊綽，其書於唐代滇中種族，稱舉無遺，獨無回族之說。而明史雲南蠻司誌則有「色目」之著錄，然則回族移滇，當於宋明兩朝間之元代求之，乃決無容疑之一事實。其謂自唐移殖者，不足錄也。蒙族勇力過人，而散漫狡黠，逐利自私，無强固之社會組織，及民族意識，故百年間，征伐移殖之事無數，浸假皆同化於漢回百蠻而莫由徵其跡於什一。且沐英平滇，不以爲光復故物，而以爲手破天荒，官私典籍，悉摧毀而拉燒之，則其事之湮沒者多矣。

元代回族移殖於滇，可分五期。癸丑勘定大理之役，是爲第一期

考元自太祖西征，迄於太宗憲宗先後三次，滅回國數十。西北渡寬甸吉斯海（卽今裏海）黑海以至馬札兒(Magyars)波蘭，西至土耳其（Turkes）羅姆（Rum）報達（Bagdad）南至印度，所有今新疆天山南北路。俄領中央亞細亞土耳其斯坦，以及波斯阿富汗俾路支西迄米索波達米亞，小亞細亞，西里亞，皆入版圖。而其波瀾狀闊，舉世豔稱者，莫如中亞之花剌子模及西亞報達攻陷之兩役，二國固回敎大國也，皆先後滅於癸丑（西元一二五三年）征大理之前十餘年。世

祖弟旭烈兀，亦於克滇之先一年，伐西亞諸回國，括其族以充兵役，則討伐大理之役不能無回兵也明矣。

兀良合台之兵，由史蹟證之，實卽蒙回混合之組織。

元史速不台傳太祖妻以公主，奏以滅里吉乃蠻怯烈欽察諸部千戶通立一軍，從之。又本紀憲宗三年夏六月，兀良合台與諸王錫里庫（卽旭烈兀）等率師征法勒哈巴哈諸國，而秋九月，乃回軍與世祖討伐大理。夫西南數十萬方里之奧區，蒙段竊據爲中國患者六七百年，而兀良合台不二年悉收復之，豈非以其父速不台西征精練之卒，而濟以色目人之智能耶。按法勒哈當爲哈里發對音之誤，巴哈達卽報達(Bagdad)市也。

其他色目部曲，如班都察葉僊鼐月舉連赤海牙八丹等，皆回族將領，則其人之移殖也多矣。

按欽察自忽魯速蠻之子班都察舉族來歸，從討蔑乞思有功，世祖皇帝，西征大理南取宋，其種人以強勇見信用，掌芻牧之事，奉馬湩以供玉食，馬湩尚黑者，國人謂黑爲哈剌，別號其人曰「哈剌赤」，一日見親近，與其子土土哈皆有功。（見元史及句容郡王世績碑）夫欽察卽奇卜察克汗國，(Kipchak)地在今俄境及西比利亞，國人悉奉回敎，則其人亦回族也。葉僊鼐畏吾人，父土堅海牙，以才武從太祖太宗平金及西夏，俱有功。僊鼐幼事世祖於潛藩，從征吐蕃雲南，常為先驅。歲己未，伐宋至鄂州，先登奪其外城。中統二年，以素熟夷情，隨地阨塞，設屯鎮撫吐蕃，為其宣慰使者二十四年，始遷雲南行省平章政事。僊鼐以畏吾世族，領兵數克堅城，資為屯撫，則其回兵隨從之衆，可想見矣。月舉速赤海牙八丹並以畏吾世族，從征大理，俱見本傳。

中統時，元以回回降民，分賜諸王百官，滇亦諸王所封，扈從之回兵必多，是為回族移滇之第二期。元史世祖本紀中統四年（西元一二六三年）封皇子忽哥赤為雲南王，遣鎮大理善闡茶罕章赤禿哥兒金齒等處，撫諭吏民，立大理等處行六部，雲南政治之建設，當以此為其嚆矢。蓋其時雲南初定，元廷方集全力與宋爭衡，設親王置重兵於南中，以資鎮守，其形勢之嚴重，不待言矣，而本紀憲宗六年（西元一二五七年）以阿穆河回回降民，分賜諸王百官。所謂阿穆河，即今阿母河流域，花剌子模之回回也。然則忽哥赤鎮滇，史稱占城眞臘之役，王調兵與不干，並南力下，又稱時諸道皆簽回軍，或以其人為達魯花赤，得使其子孫蔭敍，則其時移滇回族，更不少矣。不寧惟是，考癸丑平滇後，首鎮滇者，為諸王布哈。當中統元年（西元一二六〇年）兀良合台討平安南，一再由滇遣送納速剌丁往充彼國達魯花赤，納速剌丁者，賽典赤贍思丁之子，回回之世族也。元史安南傳作納哷丹鼐珠卜丹，皆係一名異譯，先賽典赤率部入滇者也。

至元中元立雲南行中書省，以賽典赤贍思丁平章政事，其後用兵緬越，殆近十萬，皆以色目爲多，是爲回族移滇之第三期。

洪鈞譯文補證，其時重致遠人，一切色目，咸與登進。元史本紀，至元二年，（西元一二六五年）詔以蒙古人充各路達魯花赤，漢人充總管，回回充同知，永爲定制。至元十一年（西元一二七四年）世祖以雲南王忽哥赤爲元帥寶赫鼎等所毒殺，當選謹厚者撫治之，遂拜賽典赤爲平章政事，行省雲南。賽典赤贍思丁一名烏馬兒，回回人，別庵伯爾之裔，其國言「賽典赤」猶華言貴族也。氏族表，回回貴族曰賽典赤，其先別庵伯爾，行教國中，稱爲聖人。「別庵伯爾」猶言天使，西域諸國，尊謨罕默德，因以貴其子孫。太祖西征，贍思丁率千騎以文豹白鶻迎降，命入宿衛，從征伐，歷太宗憲宗朝，積有勳勞，世祖中統二年，拜中書省平章政事，皆降制獎諭，是則賽典赤者，回族之政治領袖也。滇省志稱省垣淸眞寺二所，均創建於賽典赤。回族斯時，移殖於滇之衆，可想見矣。不寧惟是，自雲南行省既立，賽典赤父子翁孫，先後留滇者數十年。如愛魯納速剌丁也罕的斤怯烈等之屢以兵勘定亦奚不薛金齒蒲驃緬越諸國。脫力世官阿里海牙等之以兵討破羅羅斯八番羅甸諸部。此諸人者，皆回部或畏吾兒族，以元世官世兵之制推之，列於行伍者，回族必居其半。元史世祖本紀至元十七年，納速剌丁將精兵萬人征緬國，阿里海牙亦以萬人參加，三道並進。至元二十年，諸王相吾答兒言：「征緬宜參用蒙古新附軍」，從之。夫既言曰，參用蒙古軍及宋之新附軍，則先後數次征緬者，皆回回軍及爨僰軍矣。考馬可波羅於至元十六年（西元一二七九年）奉使哈喇章雲南緬國，依其記游，時押赤城附近有聶斯脫里派之耶穌教徒，此外則隨處皆蠻族部落，且有多數之薩拉森人之回回教徒，迯入其間。蓋斯時回國初亡，元括其人以充兵役，印度波斯亞剌比亞之民衆，胥隨軍移住於滇，可斷言也。

至雪雪的斤統率回軍屯墾三迤及八百媳婦之役，取道順元，喪師殆盡，是爲回族移滇之第四期。

本紀至元二十二年（西元一二八五年）九月，遣雪雪的斤領畏吾兒一千戶戍合剌章。註云：合剌章烏蠻也，與金齒宣慰司同治永昌，此回軍之分駐於迤西者也。納速剌丁奏屯田課程，專人主之，可歲得五千兩，開田至六萬七千餘雙（每雙五畝）此回軍之分駐於三迤者也。二十三年以雪雪的斤爲緬中行省左丞，遣張萬將兵六千以屯緬，此回軍之分駐緬甸者也。又本紀至大元年十一月，雲南畏吾兒一千人居荊襄，雲南省臣言。世祖有旨，使歸雲南，以佐征討。中書省臣議，發還爲是，從之。此回軍由滇之借用於外省者也。元史兵志屯田下云：仁宗延祐二年，（西元一三一五年）立烏蒙（今昭通十餘屬）軍屯，先是雲南行省言：烏蒙乃雲南咽喉之地，土地膏腴，乞發畏吾兒及新附漢軍屯田，俱遏，至是從之，爲戶軍五千人，爲田一千二百五十頃，此回軍之分駐於滇東者也。本紀成宗大德四年，（西元一三〇〇年）命哈剌歹劉深等討伐八百媳婦國，元遣兵數十萬人，取道順元（今貴州普安等屬）以討之。其軍或括自內地軍民，或遣發四川囚徒，兵至水西，土官宋隆濟等，以供輸煩勞爲辭，乘釁起兵，刼掠州縣，士卒存者什之一二。時回族部曲，徧布各省，且哈剌歹匣剌魯人，順元諸酋，雖稱强悍，安能盡舉中原將士而殲滅之，則回部兵衆敗後之散播於滇黔者，是役亦重要之時機矣。元史成宗本紀大德五年遣征緬回軍一萬四千人還各戍屯田如故，則當日回部移殖於滇者已盈千累萬矣。

彼其衆以宗教之組織，風俗樸厚，民質强毅，不盡同化於漢，故所關於滇之政教得失尤大。

吾國回族，據日本大宰松三郎推測，約一千餘萬人，而雲南位居第八，凡八十萬人。（見中國民族志）以雲南人口九百六十萬人衡之，占全省人口十分之一。按今西人稱回族曰（Musulman）「木速蠻」，即代表波斯阿拉伯等處之回人，其宗教、文字、武術、天算、醫方，皆於元代隨其族以行於中國。按諸滇志，忽必烈下大理，其將兀良合台以礮火攻下白蠻之押赤城，則回族司礮之入滇者有矣。立「惠民藥局」，擇良醫主之，以療貧民，則回族以醫術入滇者有矣。設「測景所」以測驗氣候，則回族掌天算入滇者有矣。何則蓋此諸技術，惟回族始優爲之也。鮑曼以賽亞(Isaiah Bawman)之論印度回教曰：回教者，謂之宗教團體可，謂之政治團體亦未始不可。回教徒之分布，雖散且廣，然任何回教徒，每日必向其聖地麥加（Mecca）禮拜，惟從麥加，可以宣布聖戰，全體回教徒，皆服從之。且回教徒對於回教之信仰，素有狂熱，嘗視他教爲異端，鮮有改變信仰而入他教者，故回教之勢力，實經久而不消滅（見戰後新世界）。曼氏此論，可謂深切著明矣。夫滇之回教徒，惟以宗教上具有此偉大之團結力，故歷時數百年，一切風俗習慣語言文字，雖相與切劘觀感，融合無間，而種族間之隔閡，終不可得而破。咸豐丙辰（西元一八五六年）之亂，滇之漢回民衆，斷脰捐軀，死亡枕藉者數百萬人，迄今數十年，尚未恢復元氣，則其關係於滇省之安危也，豈淺鮮哉。

明清以來，滇之回族，不乏豪傑之士，著者如鄭和之奉使西洋。

滇繹鄭和本馬姓，父祖均名哈只。見永樂三年李至剛所撰和父墓碑。回教之例，凡朝天方而歸者稱爲「哈兒只」，猶言師尊也。和祖與父，蓋曾朝天方者，故有此稱。碑今在昆陽，文曰：故馬□□□銘一行公字哈只，姓馬氏，世爲雲南昆陽州人。祖拜顏，妣馬氏，父哈只，母溫二行氏，公生而魁岸奇偉，風裁凜凜可畏，不肯枉己附人，人有過，輒面斥 三行 無隱。性尤好善，遇貧困及鰥寡無依者，恆護持賙濟，未嘗有倦容。以 三行 故鄉黨靡不稱公爲長者。娶溫氏，有婦德。子男二人，長文銘，次和，女 四行 四人，和自幼有材志，事今 五行 天子，賜姓鄭，爲內官監太監，公勤明敏，謙恭謹密，不避勞勩，縉紳咸稱譽 六行 焉。嗚呼觀其子，而公積累於平日，與義方之訓可見矣。公生於甲 七行 申年十二月初九日，卒於洪武壬戌七月初三日，享年六十九歲。長子 八行 文銘，奉柩安厝於寶山鄉和代邨之原理也。銘曰 九行 身處乎邊陲，而服禮義之習。分安乎民庶，而存惠澤之施，宜其餘慶 十行 深長，而有子光顯於當時也。十一行 旹 十二行 永樂三年端陽日，資善大夫禮部尚書兼左春坊大學士李至剛撰。十三行 按和幼不知書，僅據俗稱以告，李遂據以入文。書於京而刻於滇，故年月有改刻之迹。考和出使，即在三年之冬，蓋立碑即行也。李至剛名鋼，以字行，華亭人，明史有傳。春在堂隨筆云，鄭和之事，赫然在人耳目間。蓋所謂三寶太監下西洋者，明初傳爲佳話，前淸季年梁任公先生曾爲之作傳。謂和以中官七使西洋，航行海上者三十年，破滅數十百國，禽其酋長，官其士人。所乘之船，雖今世最大之輪船，有所不逮。所歷航程，由南洋羣島，經蘇門答臘，西行印度洋波斯灣，沿阿拉伯海，繞馬達加斯加島而回，游歷亞洲海岸殆徧，雖哥倫布麥志倫未遑多讓焉

哈元生之勘定東蒙。

清雍正四年，命鄂爾泰總督雲貴三省，實行改土歸流之計，以掃除西南蠻族土官土司之勢，爲一勞永逸之計。時爾泰閱兵貴州，奇游擊哈元生才，推赴東川，委以烏蒙鎮雄之事。元生籍屬漢回，故材武膽略絕人，治雲貴川廣，頗得多數回民之助，因感知遇，奮冒矢石，屢立功至大將，平西南夷，多其力。按改流時，東川烏蒙米貼諸土目，各據巢穴反，元生以參將佐總兵張耀祖三路搜討，諸土司互相連絡，延袤千餘里，元生回軍敗阿驢土司之衆數千，屯田東川，歲收二萬餘石，課礦稅萬金，資爲兵餉。雍正六年，烏蒙之役，哈元生以兵千餘，先至得勝坡，遇賊二萬，其黑寡暮末二渠，皆萬人敵，元生應手殪之。晉至倚那岡，賊數萬，連營十餘里，元生以兵三千，破其八十餘營，獲甲械輜重山積，即日抵烏蒙，軍聲大振，乃至賊見元生旗即反走。十二年元生進新闢苗疆圖志，滇黔改流之功，哈元生其首屈一指也。詳見魏源聖武記。

馬如龍馬毓寶之立功行伍，皆著之竹帛，傳諸不朽者也。

咸豐九年，滇以回亂，三迤鼎沸，不可收拾。適馬如龍降，於是雲南回亂，始有解決之方。同治二年，如龍驅逐省城之回敎徒，刺殺總督潘鐸之馬榮，分竄尋武。岑毓英與如龍收復省垣附近，遣軍分道圍攻大理，於是盤據大理十餘年之回酋杜文秀，始被擒殺，而全省軍事，亦以結束。故馬如龍者，咸同回亂時之功臣也。詳見雲南續通志稿。

馬毓寶字善楚，昆明人，民國二年，由滇選送南京軍官學校肄業，癸丑之役，任湖口陸軍營長，事定旋滇，委充蒙自保安團教練官，因嫺法國語文，得交法領事福拉(Monsieur Flayelle)。時歐洲大戰起，毓寶忿德國橫暴無理也，願參加戰役，福拉送赴歐洲戰地，受其軍事訓練。六年中國加入協約，對德宣戰，毓寶恥國人宣戰，徒有其名而無一人一彈之助也，自摩洛哥(Morocco)戍所，投充法國客軍義勇隊員，赴前敵與德戰，勇敢異常。暇則紀述戰況，以告中國特派赴歐參戰員長唐在禮，國人得知戰地消息，君之力也。七年三月，戰德於松模河(Somme River)中彈。六月又戰於色物耳(Aisne)，德發綠氣砲傷之，中毒甚劇，赤十字會捄之，尋愈。法政府以迭次軍功，頒章獎之。毓寶義奮填膺，益輕生死。中國公使及參戰員愛其才略，勸稍休養，輒不以爲然，曰：「今日大敵當前，殘賊橫行，甯能怯耶！」九月復與德大戰於阿米養之哈門(Amiens)，遂陣亡，時年僅二十四耳。及櫬歸巴黎，歐洲協約各國將士，無知與不與，皆深惜之。明年昆明各界，開會追悼，以爲滇之光，中國之光。嗚呼！如馬君者，殆亦不背回教主謨罕默德之訓也耶。詳回教俱進會滇支部八年八月刊行之馬毓寶傳。

蒙族之移滇者，以仕宦爲最。

元史百官志序官有常職，其長皆以蒙古人爲之，而漢人南人貳焉。滇以西南軍政中心，故其設官，嘗畀以重大之事權，如平章、左右丞、參政、元帥、大將、萬戶、千戶，爲蒙古及色目人特有之權，卽各路府州縣之官，什之三四，亦屬此類，世襲其職，長食其土，移殖之衆，較諸高等官吏爲尤多。虞集謂朝廷嘗簡法增秩以命吏，爲吏者亦草薙而禽獮之，無惠多遐荒之心，卽指此諸級之官吏而言也。

次於仕宦者，厥爲兵役。

自兀良合台率兵下大理入越南，是爲蒙兵移殖雲南之始。兵志至元十一年，以忙古帶新舊軍一萬一千人戍建都。十七年七月，括蒙古軍戍丁者，勅亦來等率萬人入羅氏鬼國。二十三年，勅免雲南從征交趾蒙古軍屯田租，立烏蒙站，是爲蒙族移殖滇東金沙江內外之始。二十一年增蒙古及探馬赤二千人，命藥剌海領之往戍金齒國。二十三年，樞密院奏納速剌丁言：所統漸丁五千人，往攻打馬國（當係花馬國地在今麗江）其力已疲，今諸王復籍此征緬，宜取進止。帝曰：苟力未損，卽遣之。仍諭納速剌丁分阿剌章（當係哈剌章）蒙古軍千人，以能臣將赴交趾，助皇子脫歡，是爲蒙軍屯駐兩迤之始。蓋至元以來，用兵緬越烏蒙金齒諸役，先後凡數十萬人，鎮以親王貴臣，皆以蒙族爲其主力。至元三十年，免雲南屯田逋租至於萬石，當日用兵之衆，可想見矣。

成宗當國（西元一二九五至一三〇七年）西征緬甸金齒西南征八百媳婦大小車里，並定黔西之亂，其兵實兼蒙回而有之。

本紀成宗元貞元年，雲南行省平章也先不花乞調兵六千，鎮撫金齒，置驛入緬。劉二拔都奏，八番疆界闊遠，請增戍卒四萬人，並從之。大德中分雲南省蒙古射士征八百媳婦，遣薛超兀而將兵征金齒諸國，七年黔西蛇節之叛，也速帶兒等率兵數萬並和林潰軍討平之，月里不花亦將甕吉里軍來赴。九年雲南行省，請益戍兵不許，蓋當日蒙軍屯滇，已不少也。

武宗時，官軍日多，致爲叛亂。

本紀至大三年，尚書省臣言。雲南省臨安大理等處宣慰司，麗江宣撫司，及普定路所隸部曲，連結蠻寇，殺掠良民，諭之不報，方且調兵討八百媳婦，軍力消耗，今擬蒙古軍人給馬一，漢軍十人給馬二，計值與之乞賜鈔三萬錠。四年調四川蒙古漢軍四千人，命囊加歹領赴雲南鎮守。

仁宗時，乃更謀於滇東之烏蒙烏撒諸路屯田，並省官吏名額，以消隱患。

本紀皇慶元年，雲南右丞阿忽台等，領蒙古軍從雲南王討八百媳婦大小車里蠻。二年雲州蒙古軍人乏食，戶給米一石。三年調四川雲南軍數千人於烏蒙等處屯田六年省雲南大理大小車里等地同知相副官，及儒學蒙古教授等官百二十四員。

至順初，諸王禿堅之亂，兵事紛擾，及於三迤，元遣軍進討，兵數之夥，殆以蒙族爲其主力。

本紀至順元年，諸王禿堅據中慶路叛，自立爲雲南王。烏撒烏蒙羅羅斯諸蠻叛應之。詔江浙湖廣四省兵數萬，朵思麻鞏昌等處軍萬三千人，川陝蒙古軍八千人，由四川八番分道進討。十一月討雲南兵十一萬，次羅羅斯，倍道奪金沙江，直取中慶，禽斬僞平章阿禾，又敗賊黨蒙古軍於安甯州，遂復行省。分兵追捕賊黨，招降烏蒙。搠思班言：蒙古軍及哈剌章羅羅斯諸種人叛者，或誅或降，其餘黨逃竄山谷，不能必其不反側，請留兵屯駐一二歲，以示威重。從之。由是以觀，當日南中蒙族之王公仕宦，與夫工商軍旅，孳生繁衍，可概見矣。元季中原大亂，梁王猶奉正朔，迨明兵三十萬人征之，始歸版圖，亦云盛矣哉。

彼族同化於漢外，今猶存者，有河西三漁村之蒙人。

三漁村在河西縣城東南數里，蒙族屯集所也。占地縱橫七八里，有中郵北郭下村交椅灣諸處，南臨杞盧湖，溝塍雲連，水木淸華，延袤數十里間，皆其族佃漁樵牧之所。滇繫韃靼營在縣治之東湖旁，以蒙古嘗屯兵於此故名。所謂東湖者，志稱其北有西湖，延百步，植隄蓄水，資以溉田。按今地勢，則韃靼營屯兵處與東湖溉田區者，卽三漁邨，而其人皆元代屯戍將士也。

其風俗略同化於羅羅，而與蒙族有別。

其人身幹修偉，貌絳赤如棕梠，全族有官趙王楊期華普旃等姓。旃姓貴族也，餘爲其佃戶部屬之類，男子服御，與漢約同。婦操井臼，能種作，嘗負重百餘斤。耳佩銀環，其衣長不掩膝，銀紐累累，耀若珠璣。纏頭束髮，有類羊角。或戴繡冠，綴朱纓，鮮艷奪目。婚姻尙愛情，與羅羅無異。每訂盟好於春季謌舞之田野中，名曰「喫山酒」。事雖猥，頗能流露眞情，爲俗所重。雖父母兄弟，亦不之禁。兩情旣投，始以牛酒金銀爲聘，習尙淫佚，童養媳之風甚熾。通常新嫁後三日歸甯，得尋舊好，重續前歡。必俟生子，始歸夫家。若夫喪葬祭奠迎神賽會之禮，與夫保甲學校諸政，亦頗同於漢俗。言語與羅羅多同，如謂天曰「木天」，明曰「木梯」之類。故河西縣志資料，以爲漁戶亦夷種也，濱水業漁得名。

然考河西縣志，其族始祖阿刺帖木兒，乃以宦游著籍。

河西縣志旃姓始祖，原籍蒙古，至元十三年，旃檀父阿剌帖木兒蒙古右旃奉世祖命入滇，任臨元廣宣慰使總管。至正二十一年，奏設元帥府於曲陀關，任都元帥尋右旃歸，子檀繼位，遂落籍焉。按至正爲順帝年號，而志云奉世祖命，是誤以後至元爲前至元矣。考河西都元帥府建文廟碑，係順帝時行中書省郎中李泰撰，詳見續雲南通志職官，是右旃其人，實於元季入滇，已濡染漢化，建廟祀孔。後右旃薨，旃檀承襲，爲曲陀關都元帥，諡忠勇公，其神位今同祀於河西旃氏宗祠，而三漁邨人民，口碑流傳，僉謂元代鼎革，蒙族不容於世，右旃勢弱降明，鎮曲陀關其部屬戚黨，相與追隨來滇，屯集於此者。由其言語風俗，類似羅羅窩泥之處，推知被族初來滇者，未必攜有妻孥，而爲蒙古與土著間之一混合民族。按北大法科同學友人旃德榮字蔭棠者，卽旃檀之八代孫也。品端學粹，前充本省法政專門學校校長，今爲瀾滄縣長，已與漢人無異，惟其部衆，則有別耳。

他如路南蒙族，始於普魯海牙。

路南距河西縣東北百餘里，元屬澂江路，爲近省輿區。蓋唐宋以還，烏蠻城郭都邑之所集也。今其境蒙古遺族，散居城鄉者百餘戶，丁口八百餘人，皆楊姓，與大理太和一支，血統相同。而其部曲，繁衍縣境者，且不在此數。大抵漢蒙共處，其風敎言語，已同化無遺，所留者，相傳之家乘而已。楊氏始祖名普魯海牙，生於蒙古，仕元官至武德將軍，統兵平滇，任大理路總管，移駐路南，洪武初，死於國難，贈開里伯子泰隱居不仕，易姓爲楊，遂爲路南人。

今其裔相傳無替。

自楊泰傳八世有楊以成者，以前明選貢任畢節縣通判。天啓初水西安邦彥叛，城破不降，偕家屬十二人遇害事聞詔建祠坊於路南，其祠明淸兩代春秋官紳致祭。而公之子如楊起南萬歷舉人，開路南科舉之風。及至淸代，楊氏以詩書世家功名蟬聯不絕者，又十餘世，迄今不衰。然其部曲之屬，率種作爲業，言語風俗與漢同化，無或差異。

永甯。總官阿慶善阿保善奕世襲官，亦爲世所稱。

羅克博士(Dr. F. Rock)者，美生物學專家也，遊歷滇西，凡十餘年。去歲遊滇垣，相與接談，彼津津言永甯總管事。永甯總管者，阿慶善阿保善之苗裔也，蒙古人，與元帝室本戚屬，隨世祖入滇，渡金沙江，至永甯，見其山川險要，爲諸蠻番漢通道，遂封阿氏爲總管，以資鎭守。而元明迄今，六百餘年，奕世襲官，永傳不絕。部屬親故，散居境內者，數千戶。轄地方千里。四封之內，關山險固，物產豐盈，而俗和政舉，盜賊無有，邊徼夷漢，知有永甯總管而不知其他。嗚呼，此亦世外之桃花源矣。

大理騰永之間，曩昔元征緬甸八百大甸，屯兵金齒，征大理，屯兵鶴麗；故亦雜駐蒙族，大抵沿金沙江內外者，多同化於羅羅西番；沿潞江及瀾滄江者，則同化於擺夷與漢族，其保存原有之種性者鮮矣。方輿紀要永昌府城南五里有元之蒙古軍千戶所，城內則爲回回軍千戶所。維西見聞錄曰：巴苴又名西番，亦無姓氏，元世祖取滇，渡自其宗，隨從中流亡至此者，不知爲蒙古何部落也，瀾滄江內有之，板屋棲山，與麼些雜居，亦麼些頭目治之。風俗男椎結，女辮髮，綴以瑪瑙珠，裙僅掩膝，男子縢裹氈而跣足，頗能辟纑縫紉之工，婚喪信佛，與麼些無異，惟兄弟死，嫂與弟媳歸於一人。至如劍川東六十里有達子城，浪穹東北四十里蓮花山之達子軍三百戶，乃世祖自石門入取大理時所設，以萬戶守之。淸季英人丁格爾遊於滇之東，昭鎮雄諸郡，其紀遊謂金沙江以南諸蠻，頗雜蒙族之血統與風俗，意者至順初，諸王禿堅之亂，與土官祿余撒加伯等，結爲奧援，一旦失勢，其將士相率沒入蠻中，以全性命。摒思班所謂蒙古軍哈剌章羅羅斯諸種人叛者，雖已略定，其餘黨逃竄山谷者耶。

元人誤爲昆明池之滇池

死於歐戰之馬銃寶傳

五　元代滇政之統系

滇於中國，以其地之險遠，可資攻守，人之慓悍，可集事功，故元帝重之，因成大業。崑山顧祖禹曰：從古用兵，出沒恍惚，不可端倪者，無如蒙古。彼以其軍馬之強頑，橫厲無前，軍行無人之境，守險者失其所資。忽必烈之滅大理也，自臨洮經行山谷二千餘里，自金沙江濟，降摩狹，入大理，分兵攻拔善闡諸部，又入吐蕃，悉降其衆，天下以爲師從天降，此上策也，然而未易言矣。蓋元人之所制勝，在其畜牧轉徙，兵行千里，如出入戶庭，不需糧秣，不懼阨塞，常攻人所不能守，故一得大理，卽以破竹之勢，收拾兩迤。順橫斷山脈，囊括交趾支那半島之緬甸安南占城眞臘諸國，以奠定南方之屛藩；順雲嶺山脈，規取南宋經濟基礎所繫之揚子江珠江流域，以爲帝國基礎，此利用其形勢之效也。若以風俗言，滇自唐宋之南詔大理，建國以來，相繼盜竊神器，雄長百蠻，乘中國多事之秋，西通吐蕃，東併兩爨，南降傳驃諸國，據交趾以窺內地，凡一陷播州，再陷成都，兩薄邕管，前後陷安南都護府者二次，爲唐滅亡之最大原因。宋興鑒於唐之禍患，畫大渡河爲界，捐棄西南百餘萬方里險阨沃腴之地，以資敵用。所幸大理崇信佛教，不事遠略，彼此相安無事；然皇祐初，（西紀一〇四九年）儂志高起於廣源州，（今迤南廣南富州等屬）率衆五千，沿鬱江東下，圍廣州城，五十餘日不克解。宋竭其精銳，使狄青征之，僅乃克復。是則西南民族，慓悍善戰，於此諸役，表現無遺。知天下之形勢者，類能言其利害。故郭寶玉（元史列傳一四九卷）初見太祖，即曰：中原勢大，不可忽也，西南諸番，勇悍可用，宜先取之，藉以圖宋，必得志焉。元帝亦知其說信而有徵也，是以西征未遑，車轍忽南。太弟忽必烈，一舉而郡縣大理，再進而鞭笞緬越，轉鋒北上，用兵兩湖，而中原諸州，望風披靡，無能抗衡，是則利用其風俗之效也。彼元人之視滇南，較西北諸藩為重，蓋中亞西亞領域，以之交通歐洲，屏藩王室；若國力强盛，則拓土開疆，無有已時。勢有不逮，棄而等諸甌脫，於國家之根本固無與也。而大理之討伐，殆於經營緬越外，更有席卷南宋，奠定中國之需要。故雲南省者，元帝國軍事上唯一之中樞也。

自忽必烈南征後，其於滇之政治設施，頗形複雜，約而言之，可分為省政、王政、藩政、土司之四部。四者雖並聽命於中央，實各具有統制之權力，而無殊條共貫之組織。

元之省制，為劉秉忠許衡所定，以行省為一切地方政治之總匯。宗王分封於滇，對於政治，雖不直接干涉，而監察建議，其權甚大。亂離軍事之期，即元帥將軍以下，且聽命焉。藩屬政治，所以統緬甸越南諸邦，常遙領於雲南之大理金齒諸軍政領袖，或與元帥府混合為一，間有獨立，而以所統行政區域之遼闊戰爭勝負之不定，故亦設置不常。土司之制，即三迤各縣屬之地方政治，與省治為同一系統，因有世襲制度之羼雜，實則各自為政，殊難統一，與內地各省大異其較有統系之省制，始於世祖之朝，名曰『雲南行省』。治中慶路以代行中書省之權，統制三迤各路者也。

元史百官志行中書省，掌國庶務，統郡縣，鎮邊鄙與都省為表裏。國初有征伐之役，分任軍民之事，皆稱行省，未有定制。中統至元間，始分立行中書省，因事設官，官不必備，皆以省官出領其事。其丞相皆以宰執行某處省事繫銜，其後嫌於外重，改為『某處行中書省』。凡錢糧、兵甲、屯種、漕運、軍國重事，無不領之。至元十一年（西紀一二七四年）雲南始置行省，治中慶路，統有三十七路五府。二十四年改『行尚書省，』尋復如舊。武宗至大二年，又改『行尚書省，』次年復如舊置丞相一員，平章一員，右丞左丞各一員，參知政事二員，郎中二員，員外郎二員，都事二員。舊制參政下，有僉省同僉之屬，後罷不置。丞相或置或不置，尤慎於擇人，故往往缺焉。行省屬官理問所理問二員，副理問二員，都鎮撫司一員，副都鎮撫一員。

元制百官皆蒙古及色目人爲之長，漢人南人附焉。

詳見箚內亙元代蒙漢色目待遇考。

故雲南通志羅舉丞相平章以下百數十人，强半皆蒙古及色目之世族。

詳見本書元史滇官之列傳及雲南通志稿。

行省官中書省外，關於糾察及詮選官吏者，有行御史台或肅政廉訪司，滇以邊陲，破格選除，多錄漢人。世祖本紀，至元二十七年五月，以雲南按察司所治立雲南行御史台。二十九年八月，罷雲南行台，徙置西川，謂之「西台」。成宗大德四年，移行台於陝西，秩如南台。見輟耕錄。復立雲南廉訪使二員，副使二員，僉事四員。箚內亙曰：御史台司黜陟，此最高官銜之長官，專用蒙古人，任人皆能想像及之，然亦原則如是，實則發見多數例外。今以滇之實例證之，其結果亦略相同。考元代滇之廉訪官，除朶兒赤散兀只台外，餘皆漢人，蓋雲南僻遠，蒙族多不樂就，本紀至順三年，御史台言：選除雲南廉訪司，多托故不行，繼今有如是者，風憲無復用，制曰可。凡此可徵當時破格選除，不得已而始用漢人也。

宣慰使司都元帥府，承行省以總郡縣政令，而鎮之以武，聊相羈縻。

百官志宣慰使掌軍民之務，分道以總郡縣。行省有政令，則布於下。郡縣有請，則爲達於省。有邊陲軍旅之事，則兼都元帥府，其次則止爲元帥府。其在遠服，又有招討安撫等使，品秩員數，各有差等。世祖本紀中統四年八月，置元帥府於大理。至元八年，置「大理等處宣慰使都元帥府」以蠻夷未附者多，命兼行元帥府，並聽行省節制。十二年十二月賽典赤贍思丁奏，謂雲南有「省」有「宣慰司」又有「都元帥府」，近宣慰司已奏罷元帥府，尚存，行省既兼領軍民，則「元帥府」亦在所當罷，奏可，因罷「雲南都元帥府」。其宣慰使司都元帥府之組織，計使三員，同知二員，副使二員。都元帥府元帥二員，副元帥二員，元帥府達魯花赤一員，元帥一員。雲南省所屬宣慰使司，據地理志所載，迤東有烏撒烏蒙宣慰司，羅羅斯宣慰司，曲靖等路軍民宣慰司萬戶府，臨安廣西元江等處宣慰司管軍萬戶府，亦奚不薛宣慰使司都元帥府（後改普定路）迤西有大理金齒等處宣慰司都元帥府，未久卽廢。大抵宣慰之設，軍事爲重，於路縣政柄，尙爲士官操縱之上，鎭撫爲要。所謂政治，羈縻而已。故一代中可考者只十餘人。

宣撫安撫招撫之設，意在詢民疾苦，體察官吏賢否，邊地設之，兼管軍民，約與宣慰司同。

憲宗本紀：六年雲南始置宣撫使。百官志宣撫司每司達魯花赤一員。續文獻通考曰：元之宣撫，職在詢民疾苦體察官吏賢否，以行省官或諸部尚書，諸院吏充之，即唐巡察按察等使。本紀至元二十一年，改思播二州隸順元路宣撫司，罷西南番安撫司，立總管府。二十二年，罷合剌章金齒二宣撫司爲一，治永昌。立臨安廣西道宣撫司。二十八年，改雲南烏撒宣撫司爲宣慰司，兼管軍萬戶府。又以雲南曲靖路宣撫司所轄地廣，民心未安，改立曲靖等處宣慰司管軍萬戶以鎮之。是知宣撫之設，乃暫時以之安撫人民，非專管軍民之任。

其掌管地方軍政，而出於臨時之組織者，則設『行六部』之暫時機關。

世祖本紀中統四年九月，立大理等處「行六部」，以庫庫岱爲尚書，兼雲南王傅，柴禎爲尚書兼府尉，甯源侍郎兼司馬，遣雲南王和克齊鎮大理。世祖本紀中統四年，命錫勒希（原作昔撒昔）總制鬼國大理兩路，至元八年勅遣阿勒達爾（原作阿魯特兒）等，撫治大理。蓋其時行省尚未立也。

關於局部方面之特種事務者，設事務官。

本紀至元二十年，立雲南按察司。二十六年，復立雲南提刑按察司。二十七年，立銀場官，秩從七品。大德四年，復雲南銀場提舉司，秩五品。至元十二年，置雲南諸路規措所，以瞻思丁爲使。二十六年，遣尙書省斷事官禿烈羊阿理算雲南。二十八年，遣廝速忽阿散乘傳詣雲南捕黑虎。二十九年勑設雲南諸路置學校，其敎官以蜀士充。仁宗延祐元年，置雲南行省儒學提擧司。英宗至治二年，置中慶大理推官各一員。三年設大理路白鹽城榷稅官，秩正七品，中慶路榷稅官秩從七品。泰定四年，初置雲南行省檢校官。元史張立道傳：至元四年，署立道大理等處巡行勸農使。由是觀之，所謂司法農礦敎育諸政者，元已分擧於滇，惟以土官之梗化，不能貫澈其用耳。

要之，此皆省政之組織也。其先後以兵征服緬甸八百媳婦，而寄其統制之權於雲南，是爲藩政。有『緬中行省』『征緬分行中書省』之別。

世祖本紀至元十九年，（西紀一二八二年）征緬國。二十一年攻下江頭城。二十三年（西紀一二八六年）以雪雪的斤爲緬中行省左丞相，阿台董阿參知政事，兀的迷失簽行中書省事。至元二十五年，勑緬中行省比到緬中，一禀雲南王節制。二十七年罷。

「征緬分行中書省」爲成宗時所建，數年而止。成宗本紀大德五年（一三〇一年）以劉深哈喇岱爲中書右丞，鄭祐爲參知政事，皆佩虎符，分雲南諸路行中書省事。七年三月，以征八百媳婦喪師，誅劉深哈喇岱鄭祐，罷雲南征緬分省。

若遇非常之事變起於邊疆，則設『行樞密院，』以總軍政，此其大較也。

百官志樞密院爲一方一事而設事已則罷。文宗本紀至順元年，以雲南諸王圖沁等攻中慶路，乃立行樞密院，以徹爾特穆爾知行樞密院事，特默齊近侍嘉琿爲同知副使發朶甘斯圖沙瑪及鞏昌諸地軍討之。

王政亦元滇政之一支，方志列於藩封，錄其爵秩。自忽哥赤以下，見於史籍，凡十餘人，皆以親王，鎮守南服。

元史安南傳中統元年（西元一二六〇年）諸王布哈鎮雲南，兼制大理金齒安南諸處。兀良合台言於王，遣納速剌丁爲安南達魯花赤。

至元四年（西元一二六七年）封皇子忽哥赤爲雲南王，遣鎮大理善闡茶罕章赤禿哥兒金齒安南等處，撫諭吏民，立大理等處行六部。八年二月（西元一二七一年）大理等處宣慰都元帥寶赫鼎王傅闊闊岱等，協謀毒殺雲南王（事詳張立道傳）。

宗王圖古勒卽脫忽魯於至元十一年（西元一二七四年）鎮雲南。見賽典赤瞻思丁傳。

也先帖木兒，忽哥赤子也。元史張立道傳至元十七年，立道入朝，爲請於朝，以雲南王子也先帖木兒襲王爵，帝從之。本紀至元十七年（西元一二八〇年）賜雲南王印，二十五年二月，賜鍍金駝紐印，命帥兵鎮大理等處。成宗大德十一年，進封營王，詳元史本紀與諸王表。

甘刺麻，眞金皇帝長子，成宗之兄也。至元二十七年冬，封爲梁王，賜金印，出鎮雲南。明年改封晉王，移鎮大鄂爾多。大德六年薨，諡獻武，即顯宗也。生三子，長梁王松山，次泰定帝。

松山。至元三十年秋七月，詔封皇曾孫松山出鎮雲南，以皇孫梁王印賜之。大德九年，勅梁王勿與雲南行省事，見成宗本紀。

老的，或作羅丹，世系表作婁達袞，至大二年（西紀一三〇九年）梁王在滇有風疾，以諸王老的代鎮，賜金印。

王禪，延祐七年（西紀一三二〇年）封雲南王，王爲松山子，亦名旺沁。泰定元年冬十月（西紀一三二四年）徙封梁王，食邑益陽州六萬五千戶。

帖木兒不花，王禪之子，泰定元年（西元一三二四年）襲封雲南王，宗室世系表作特穆爾布哈。

明宗和世㻋，武宗長子也。武宗立以仁宗爲皇太子，命以次傳於帝。仁宗立，延祐三年，議建東宮，丞相鐵木迭兒欲固位取寵，乃議立英宗，封帝爲周王，出鎮雲南，未之任。文宗天歷二年，其弟懷王已反正，迎於朔漠，是爲明宗，已而暴崩。

豫王阿忒思納失里，天歷二年（西紀一三二九年）十一月，鎮雲南，賜其衞士鈔萬錠，仍每歲豫給其衣廩。

阿魯元統二年（西紀一三三四年）五月，鎮雲南，給銀字圓牌。

孛羅本紀順帝至正七年（西紀一三四六年）雲南王孛羅來獻死可伐之捷。或曰即把匝剌瓦爾密也。

把匝剌瓦爾密忽哥赤之裔，封梁王，仍鎮雲南，洪武時沐英等以兵入滇敗之，舉家赴水死，見明史。

諸王之專征伐或徙流於滇者，亦不乏人。

見於本紀者，至元時有諸王相答吾兒之征緬。諸王奧魯官之科擾軍戶。延祐時諸王脫脫駐雲南，擾患軍民，以按灰代之。英宗時流諸王阿剌鐵木忽剌出月魯鐵木兒等於雲南。文宗天歷三年，諸王答失不花禿堅不花等與丞相也先吉尼相攻。至順元年，雲南諸王禿堅與萬戶伯忽等叛，攻陷中慶路，禿堅自立爲雲南王，伯忽爲丞相，立城柵焚倉庫以拒命。四月遣諸王桑兀孫還雲南，命諸王云都思帖木兒將江浙三省兵二萬，與樞密判官洪浹討之。而諸王禿剌，鎮西武靖王搠思班，豫王阿忒思納失里等，亦由蜀黔分道並進。

大抵梁王鎮守滇東居中慶，雲南王鎮滇西居大理。諸王則分駐兩迤，其建議監督之權極大，「中書省」輒仰其鼻息焉。

賽典赤瞻思丁傳賽典赤初至滇，宗王脫忽魯惑於左右，具甲兵為備。賽典赤以德服之，王大喜，政令始一聽所為。本紀至元二十二年九月，樞密院言脫脫木兒遣使言，阿沙阿女阿則三部欲叛，宜遣人往召，如不至，乘隙伐之，不允。令勅諭之事不議於雲南王也先帖木兒者毋輒行。十二月勅合剌章酋長之子入質京師，千戶百戶子留質雲南王所。是則用人行政，與夫軍事計劃，駕馭土官，元之鎮滇諸王，與有權焉。而軍旅之期，對於外藩，如緬甸八百媳婦安南王之討伐，雖元帥大將軍且嘗稟命焉。然中葉後國家勢力不能及遠，於是宗王時與行中書省爭權，至禿堅等，遂稱兵境內。

滇省土官之制，淵源甚遠，迄元略變其形式，為總管土府土縣等，隸於省政府，而其封建勢力之偉大，有非行省所得而制者。

蓋奕世襲官，為漢唐統治滇黔之舊規。自諸葛武侯分兵配大姓，勸令出金帛收集惡夷為家部曲，得多者奕世襲官，是為南中土司制度之始。自是經兩晉隋唐，皆以守令監其土，酋長治其民。顧炎武論之詳矣。元人開滇，其所設者路府州縣，而所統者三十七部蠻耳。行中書省外，路府州縣，大抵皆元之世官；各部之酋，亦元之世酋也。元制地方民政官廳之最大者，爲諸路總管府。其下有府州縣，各依其管戶之多少分上下路，上中下州縣等。路設達魯花赤、（掌印官）總管、同知、治中、判官各一員。各路府州縣之達魯花赤、知府、知州、知縣、同知或縣丞各一員。各路府州縣之達魯花赤，以禁令所關，通常皆用蒙古或色目人，而漢人充總管，回回充同知，永爲定例。地方軍事官廳之最大者爲萬戶府，千戶府百戶府，各依其管軍之多少，分上中下三級，各設達魯花赤，正副萬戶千戶百戶一員，其達魯花赤遇蒙古人缺員時，以色目人補充，萬戶千戶百戶等缺員時，則多用漢人。三迤各路地方之總管府，設總管與合剌章（即黑爨也）一人同治，專管軍民，世襲其職，其下之府州縣等，亦同爲世襲之官，故其政龐雜而疏陋。元代滇之政制，殆以世襲之藩王及土司爲其骨幹焉。

元史地理志至元八年，分大理國三十七部爲南北中三路。十三年奏請改訂爲路三十七，府二，屬府三，屬州五十四，屬縣四十七，其餘甸塞軍民府等不在此數。所謂總管者，雖受命於政府，而世襲其職，中以段氏爲著。滇載記元既滅段氏而有其地，錄其子孫，世守茲土，段興智封爲「摩訶羅嵯」，管領八方。元史信苴日傳信苴日入覲，世祖賜虎符，詔領善闡威楚統矢會川建昌騰越等城，自各萬戶以下，皆受其節制。興智死，中原多故，段氏復據之，於是十一總管出焉。雲南蠻司志曰：土官著姓者，土知府則景東陶氏，蒙化左氏，麗江木氏，順甯猛氏，永寧阿氏，廣西昂氏，鎮沅刀氏，元江那氏，尋甸安氏，武定阿氏，土同知則姚安高氏，廣南儂氏。土知州則安甯董氏，鄧川阿氏，雲龍段氏，北勝高氏，寧州祿氏，大侯奉氏，霑益安氏，路南秦氏，羅雄海氏，寶山蘭州羅氏，富州沈氏，土知縣則嶍峩祿氏，雲南楊氏，元謀吾氏。凡此皆宋元以來之世官，迄明猶未改流者也。元學士虞集曰，土司著姓，自蒙段七姓外，雜以屯墾之官吏，皆招服番夷，以爲莊戶，長食其上。元之官，此等人專之。此言夫萬戶千戶百戶之拔扈專擅也。又曰朝廷常簡法增秩以命吏，而爲吏者，無治術，禽獸其人，起事造釁，善政之於民亦僅矣。蓋滇處邊隅，風敎隔閡，爲吏者，畏其荒遠瘴疫，多不樂就。元人經營之目的，又僅以出兵緬越侵略南宋爲計，故一籍版圖，惟元惡大憝，鋤其根株，易以隨征將士。其款附酋領，相率循舊錄用，以資羈縻。元史本紀，滇官六品以下，即由本省選辟以聞。至元二十九年，勅雲南省所轄州縣官，如福建二廣例，省台委官銓選，以姓名聞，隨給綬宣勅。成宗元貞二年七月，詔雲南福建官滿任者，給驛以歸。大德三年，遣將監雲南四川等省六品以下選。大德五年，飭雲南行中書省，減內外諸司官千五百十四員。仁宗延祐二年，給雲南廉訪司公田。六年敕雲南等省軍官致仕還家，官給驛傳如民官例。又省雲南大理大小徹里等地同知相副官及儒學蒙古教授等官，百二十四員。順帝至元二月，詔雲南四川八番廣海邊遠官死而不能歸葬者，有司給粮食舟車，護送還鄉，去鄉遠者，加鈔二千錠。無親戚者，官爲瘞之。觀上所引各證例，可知元朝對於邊官，待遇優渥。選官既予省台以絕大之事權，僅一循例派員監視宣勅，其去來之官吏，且予以驛傳上種種便利，廉訪司難得其人，則給以公田，其鼓舞人材，服官邊地之心，亦良苦矣。顧其職，仍多空闕，地廣人稀，政刑輕減，故一再裁之，不以爲病，則以其地適於簡略疏闊之土官制，而與內地大有別也。故仁宗延祐六年四月，中書省臣言，雲南土官病故，子姪兄弟襲之，無則妻承夫職。遠方蠻夷，頑獷難制，必任土人，可以集事，今或闕員，宜從本俗，權職以行，制曰可。是則元代滇之所謂郡縣官吏者，亦土司而已。

筇竹寺雄辯法師大寂塔

元代雲南史地叢考第七五頁之前

六　元史滇官之列傳

元史列傳人物，仕宦雲南者，凡七十九傳，一百人，占全集七份之一，當日元人重視西南，力征經營，可想見矣。茲由列傳考之，可得論者。

元代滇之統制階級，以蒙古色目為要，然人數則不及漢族之多，蓋一百人中，蒙古三十一員，色目三十二員，漢人及其他三十七員。

蒙古仕宦於雲南：

部族　十二部	姓名　三十一員
按吉歹 Idjikines	闊里吉思　別兒怯不花
怯烈 Kêraites	也先不花　勃古思
答答里帶 Tatares	塔海帖木兒　帖木兒不花　孛兒速　補兒答思
蔑兒吉特 Merkites	脫脫
弘吉利 Coungcarates	太不花　步魯合達

珊竹帶 Saldjioutes　答失八都魯　也速帶兒　阿塔海　孛羅帖木兒　識里木

札剌兒 Djelaïres　唆都　拜延八都魯

禿立不帶 Dourban　探馬赤

許兀愼 Houschines　失里門

別速歹 Besü　別帖

兀良合 Uriangkha　兀良合台　阿朮

忙兀台 Mingcoutes　博羅歡

其　他　速哥　塔剌赤　賽陽　帖木迭兒　埜喇　寬徹普化　月魯帖木兒

蒙古仕宦多武職，兀良合台尤居首要。大理之役，元之部曲，爲西征後最精銳之蒙古及色目人所組合。張星烺曰：成吉思汗臨終，四子拖雷，盡得父兵十萬一千，故久經戰陣之將官，盡隸拖雷。至定宗歿，演成尾大不掉之弊。拖雷子孫，得以實力之擁護，繼登大寶。英史家韋爾斯曰：蒙古將帥之行軍於維斯杜拉河也，其佈置之精密，允足驚異，歐洲將帥，自腓特烈第二以下，無足與速不台相頡頏者，是則速不台之軍，殆元之精兵，而其子兀良合台，孫阿朮率之入滇，故不二年，而西南數十萬方里之地，悉爲所征服。師荔扉曰：世祖忽必烈所統兵攻大理，轉戰於善闡間者二十萬人（見滇繫）然則是役也，殆與諸葛武侯定南中沐英討梁王等，蒙古征滇，其重要未有過於此者矣。

追隨行間之將士，如阿塔海唆都等，皆當世開國之元勳。

阿塔海遜都思人，從兀良合台征雲南，身先行陣，征宋與阿朮伯顏等，並有大功。元史列傳一二九卷。

唆都札剌兒氏，驍勇善戰，從征花馬國，有功，旋伐宋，與文天祥相持於福建諸州，已而伐占城，戰死安南。元史列傳一二九卷。

勃古思怯烈台氏，從世祖征花馬國，結浮橋於金沙江以濟師。元史列傳一二〇卷。

別帖別速氏，將其父抄兒軍，從太子忽哥赤征大理，國沒於陣。按至元四年，始封忽哥赤爲雲南王。別帖從征大理，當爲太弟忽必烈之誤。詳元史列傳一二三卷。

孛兒速脫脫特人，從世祖征哈剌章有功。元史列傳一三五卷。

失里門脫征六詔諸城，沒於兵。元史列傳一一九卷。

其後用兵滇東者，以也速答兒速哥爲著，屢以兵勘定亦奚不薛及烏撒烏蒙建都諸部。

也速答兒珊竹帶人，以父紐璘西征欽察功，從世祖入蜀，至元十一年，以兵討亦奚不薛及烏蒙都掌諸蠻，平之。遷蒙古軍都萬戶。武宗時，遷雲南左丞相平章政事，南征叛蠻，感瘴卒。（列傳一二八卷）

其孫答失八都魯以世襲萬戶，鎮守羅羅宣慰司，以功陞雲南大理宣慰司都元帥。至正中，特除四川行省參知政事，撥本部探馬赤軍三千，討賊荆襄，屢大破之，子孛羅帖木兒爲雲南行省理問，孫識里木，爲雲南行省右丞。元史列傳一四二卷。

塔海帖木兒，答答里帶人，從也速答兒征亦奚不薛及都掌蠻，已而以兵四百，追擒烏蒙酋以歸。元史列傳一三四卷。

速哥蒙古人，至元十九年，亦奚不薛蠻叛，以速哥爲順元路宣慰使，置金竹府貴州以統之。東達九溪十八洞，南至交趾，西至雲南，咸受節制。按此爲貴州入版圖之始，而本紀稱：是年於亦奚不薛地立三路達魯花赤，留軍鎮守，命藥剌海總之，以也速答兒爲都元帥宣慰使。二十年，其軍民千戶宋添富，及順元路軍民總管兼宣使阿里等降，班師，立亦奚不薛總管府，命阿里爲總管，隸雲南。已而羅甸歸附，改普定府，並屬雲南。所稱阿里爲總管兼宣慰使說，與速哥傳略異，元史列傳一三一卷。

帖木兒不花，答答里帶人，與藥剌海會雲南兵討平亦奚不薛之亂，改征緬都元帥，元史列傳一三二卷。

拜延八都魯，蒙古札剌台氏，從也速帶兒南征有功。列傳一二三卷。

探馬赤，禿立不帶人，從也速帶兒征建都，大敗之，諸夷請降。

別兒怯不花，燕只吉歹氏，世爲八番宣撫司達魯花赤。英宗時，宣國恩信，峒民感悅，率其十四部來受約束。列傳一四〇卷。

用兵滇西者，也先不花步魯合達之戰績，亦多可稱；八百媳婦之役，哈拉哈孫議之，然蒙族之衰，肇於此矣。

也先不花，蒙古怯烈氏，世其職爲必闍赤長。至元十三年，拜雲南省平章政事，討平阿郎可馬丁諸僰夷，立登雲等路於西南徼外，見列傳一三四卷。按本紀元貞元年，也先不花調兵六千，鎮撫金齒，置驛入緬。二年九月，征奇藍，拔兀農開陽兩寨，以其地爲雲遠路軍民總管府。兩寨在今北緬甸，接近孟養。又本紀大德元年（西元一二九七年）八百媳婦叛，寇車里，遣也先不花討之，則也先不花者，與劉深哈剌歹同爲一流之野心家，特成敗不同耳。其名一作額森布哈。

步魯合答，蒙古弘吉剌氏。至元二十一年，（西元一二八四年）以蒙古探馬赤千人，從藥剌海征金齒平之。二十二年，從都元帥蒙古歹征羅必甸，（今元江境）江水暴溢，率衆泅水渡。居七日，諸軍會攻，拔其城，遂屠之。又從諸王闊闊征八百媳婦，至車里，其酋所居也，招之不聽，進平其寨。列傳一三二卷。

哈拉哈孫，斡剌納兒氏。大德五年，奏劉深征八百媳婦，謂山嶠小夷，不足煩中國，不聽。及敗存者纔什一，帝始悟。因請誅之。見列傳一三六卷。按元自世祖南征，至是已四十七年，天下大定，元人生活，由行國一變而爲居國，濡染華風，無復昔年慓悍善戰，轉徙萬里之能；故八百媳婦之役，勞兵轉餉，至數十萬人，爲世詬病。不然可以郡縣者，豈止一八百媳婦哉。顧以是役之失敗，竟使經營成熟之緬甸亦放棄之，則元士氣之不振，亦可見矣。哈拉哈孫之論，殆腐儒學究之見耳，豈復有移易人主視聽之力。蓋西南軍事之收縮，以其謂少數人口舌爭勝之效，毋甯謂爲軍力衰敗，不能大舉之結果也。

蒙族於滇，政治上雖嘗爲百官之長，然聰明才智之士，多畏其險遠，不樂仕宦於此，故見於列傳者，數人而已。

太不花，弘吉剌氏，以世冑累官雲南行省右丞。列傳一四一卷。

闊里吉思，蒙古人，祖八思不花，從攻欽察兀羅思馬札兒回回諸國，嘗爲先鋒。大德中，加雲南省左丞相。列傳一三四卷。

博羅歡，忙兀人。雲南省臣寶合丁毒殺雲南王，事覺，以博羅歡案問，以吏部尚書別帖木兒輔之行，寶合丁以金六籮迎餽，祈勿究其事，歡不聽，誅毒王者而還。列傳一二一卷。

賽陽於至元二十九年，官雲南行省平章，並爲梁王甘麻剌內史。附見元史列傳一一六卷裕宗傳。

補兒答思，官雲南宣慰使。附見列傳一二三卷布智兒傳。

塔剌赤，蒙古人，至元中，以世冑官曲靖等處宣慰使。附見一三三卷之失里伯傳。

帖木迭兒官雲南左丞相，附見一三四卷朶兒赤傳。

元中葉後，滇爲謫貶罪人之所，諸王月魯鐵木兒及脫脫等，並流於此。

元史本紀英宗至治三年，泰定帝立，流諸王月魯鐵木兒於雲南。脫脫伯顏之孫也，至正二年，（西元一三四二年）再起爲相，嘗總制諸省軍討張士誠，俄以老師費財，流於雲南鎮西路，行至騰衝，知府高惠欲以女事之，脫脫撰辭謝絕，惠怨甚，乘移置阿輕乞之地時，首發「鐵甲軍」圍之。已而宰相麻哈遣使矯詔鴆之，死年四十二。見元史列傳一三八卷本傳。按元史編纂，出於多人之手，而總其成者，前有脫脫，後有王褘，皆死於滇，亦異聞也。

埜喇，蒙古人，官右丞，謫滇，至澂江，愛漱玉山華藏寺幽秀，遂棲息其中，以詩書自娛，卒後葬於寺之半山。澂江府志。

及其季世，寬徹普化以滇為其根據，出兵四川，則元人之利用滇南，亦云盛矣。

寬徹普化，世祖孫脫歡之子也，封威順王，鎮武昌。至正中天下大亂，侯伯顏答奉王由雲南經蜀轉戰而出，欲之京師，李思齊以取蜀為名，扼不令行，俾屯由成州以沒。元史列傳一一七卷。

色目。之於滇省，以政治設施為其主要之位置。

色目人種，依錢大昕所列氏族表凡三十一種，近人李思純更正之，得二十五種。考元史列傳，色目仕宦於滇者，三十二員，達十一種，茲列表於后：

部族　十一部	姓名　三十二員
畏吾 Onigurs	月舉連赤海牙　八丹　火兒思蠻　阿里海牙　雪雪的斤　葉僊鼐　脫力世官
阿魯溫 Arghun	徹里鐵木兒

旺古族 Onghu　汪惟勤　趙世延

朶魯族 Tumats　郝天挺

土番 Tibet　重喜　德壽

回回 Musulman　賽典赤贍思丁　納速剌丁　忽辛　贍思　怯烈　馬速忽　忽先　沙的　伯杭

唐兀 Tanghut　愛魯　立智理威　朶兒赤　仁通

乃蠻 Naiman　囊加歹

欽察 Kipchack　班都察

康里 Kanli　斡羅思

匣剌魯 Karluks　也罕的斤　哈剌䚟　火你赤的斤

回回。

回回一類移殖尤多，而賽典赤父子，文治武功，其傑出者也。

賽典赤贍思丁回回人，拉史烏丁之書稱布哈拉(Bokhara)人，爲別庵伯爾之後。別庵伯爾，波斯語，爲穆罕默德之別號，乃天使也。事世祖，頗見信重。至元十一年，拜平章行省，撫雲南。時宗王脫忽魯鎮滇，惑於左右，具甲兵爲備。賽典赤尊事之，由是政令一聽所爲。十二年，奏諸夷未附者多，今擬宣慰兼行元帥府事，並聽行省節制。又奏哈剌章雲南壤地均也，而州縣官皆以萬戶千戶主之，宜改置令長，並從之。是爲軍民分治之始。十三年，以所改雲南郡縣上聞，是爲雲南設省之始。教民以禮，建孔子廟，購經史，置學田，文教稍興，是爲雲南教育之始。相地置鎮，每鎮置土酋史百夫長各一人，行者或遇刦掠則罪之，是爲雲南國防之始。作陂池，開六河於昆明，以備水旱，是爲雲南水利之始。交趾叛服不常，遣人諭以禍福，約爲兄弟，其王大喜，乞爲藩臣；羅槃甸（今元江境）主叛，賽典赤率兵親往招之，嚴禁殺僇。其主曰：平章寬仁若此，拒命不祥，乃舉國降，諸夷聞風，翕然款附。夷酋每謁見，例有獻納，悉賜從官貧民，秋毫無所私。爲酒食以勞之，製衣冠襪履，易其卉服草履，酋皆感悅。居雲南六年卒，年六十九（西元一二一一至一二八〇年）百姓巷哭，葬善闡北門，交趾王遣使襄經致祭。帝思其功，詔省臣守其成事，不得輒改，贈咸陽王。子五人，長納速剌丁，次哈散，次忽辛，次苦速丁兀默里，建昌路總管，次馬速忽，雲南諸路行中書省，平章政事。詳元史列傳一二五卷本傳。

按贍思丁後裔，今滇垣教門中人亦言五子十三孫。哈散流寓河西，其曾孫政，舉明正統甲子舉人，易哈爲合，見河西縣志，其餘支派，大抵流衍各縣，今滇中回族，有賽納哈馬胡穆沙王楊李諸姓，皆其苗裔也。

納速剌丁，贍思丁長子，累官雲南路宣慰使都元帥。至元中以軍抵金齒蒲標曲蠟緬國，定租賦，置郵傳，立衛兵。及父卒，陞右丞，建言三事：一雲南省規措所所造金簿，貿易病民，宜罷。一雲南有省，有宣慰司，又有都元帥府。近宣慰司已罷，行省既領軍民，則元帥府亦當罷。一謂雲南官員子弟入質，僅達官當遣，餘宜罷。奏可。進平章政事，奏減哈剌章冗官，專人屯田課程，以合剌章蒙古軍千人，從皇太子脫歡征交趾，爲彼邦君臣所敬服。凡所建言，皆以減軍民紛歧，增省政權力，亦能吏也。後卒於陝西平章任，封延安王。子十二人，忽先雲南行省平章政事，沙的雲南行省左丞。（列傳一二五卷。）

忽辛贍思丁第三子，至元二十一年，授雲南諸路轉運使，遷至右丞，條諸不便事，宗王不可，忽辛與左丞劉正馳還京師，有旨令宗王協力施行，由是一切病民之政悉罷。豪民避徭役，往往投充王府宿衛，有司不勝供給，忽辛按朝廷原額所無者，悉籍爲民，減去宿衛三分之二。馬龍𠊱謀叛，宗王（松山）爲左右所蔽，釋不問。忽辛與劉正鞫之，盡得反狀，斬之。軍糧支給，地理遠近不同，吏緣爲姦。忽辛籍軍戶姓名及倉廩處所，爲更番支給，吏姦始除。先是贍思丁建孔子廟，撥田五頃，以供祭祀教育之用，後田爲大德寺所有，忽辛斷歸之。復下諸郡立廟學，選文學之士爲之師，文風大興。王府畜馬繁多，縱敗民稼，而牧人宿食民無寧居。忽辛度地置草場牧所，構屋數十間，民賴以安。廣南𠊱沙奴梗化，忽辛以計羅致之，諷令偕印入朝，帝大悅。大德五年，緬酋負固，忽辛遣人諭之，緬甸遣使來貢。烏蠻等租賦，歲煩軍徵索，忽辛以利害榜諭諸蠻，不遣一卒，而賦稅咸足。昔人謂興一利不如除一害，若忽辛者，雖今日大政治家之風範，未過是也。至大三年卒，子二人，伯杭中慶路達魯花赤。忽烈湖南宣慰使。（元史列傳一二五卷）按賽典赤父子三人，先後留滇者二十七年（西元一二七四至一三〇一年）而忽辛一人留滇至十七年，則當日回族移殖之衆，與夫元人世官之情勢可想見矣。

贍思大食人，以文學稱，後至元二年，拜陝西行台監察御史，及分巡雲南，按省臣之不法者，其人卽解印以去。（元史列傳一九〇卷本傳）

次之愛魯也罕的斤，囊加歹，怯烈之於滇西，與緬甸，轉戰千里，大業殊勛，色目之軍事領袖也。愛魯唐兀人，至元中從忽哥赤征金齒，定其賦稅，絕緬甸道，擊之，諸蠻震服。旋改中慶路達魯花赤，兼管爨僰軍。賽典赤令愛魯疆理永昌，增田爲多。閱中慶路版籍，得隱戶萬餘，以四千卽其地屯田。開烏蒙道，水陸皆置驛傳，以兵二千平忙部亦奚不薛。十六年遷雲南諸路宣慰使副都元帥。十九年，諸王相吾答兒帥諸將征緬，愛魯供餉餽無乏絕。已而從鎭南王征交趾，大破之，感瘴癘卒。贈平章政事，諡毅敏。元史列傳一二一卷本傳。

也罕的斤匣剌魯人。至元中，拜雲南參政，從諸王相吾答兒右丞太卜分道征緬。造舟於阿昔阿禾兩江，攻江頭城（今八莫境）拔之。獲其銳卒萬人，命都元帥來世安（世祖本紀作袁世安）守之，水陸並進，遂破太公城、建都、金齒等十二城皆降。二十八年，改四川行樞密副使，卒於官，子二人，火你赤的斤，雲南都元帥。列傳一三三卷本傳。

囊加歹乃蠻人，以伐宋功，拜雲南行省參政，討金齒緬國，得疾召還，仁宗倚重之，比之姜太公。列傳一三一卷本傳。

怯烈西域人，由中書譯史，從賽典赤贍思丁經略川陝。至元十二年，立雲南行省，署為幕府，蠻夷款服，怯烈功居多。十五年，分省大理，會緬甸入寇，以兵討平之。納速剌丁遣詣闕，敷奏邊事，世祖愛其聰辨練達，拜鎮西平緬麓川等路宣撫司達魯花赤，兼管軍招討使，至元二十年，相吾答兒等征緬，命率兵船為鄉導，拔其江頭城，振旅而還。復從雲南王入緬，總兵三千，屯駐驃國，設方略招徠其黨。後入覲，世祖慰勞之，擢正議大夫，僉緬中行中書省事，頒詔於緬，宣布威德，緬王遣子入貢，累晉雲南諸路行中書省左丞。大德四年卒。列傳一三三卷本傳。按世祖本紀至元二十二年，緬王遣使至太公城，欲來納款，爲孟乃甸酋所阻，遣使至驃甸土官處，乞報上司，免軍馬入境。朝廷因遣鎮西平緬宣撫司達嚕噶齊兼招討使齊喇使其國，所謂齊喇，卽怯烈也。

脫力世官斡羅思阿里海牙之於滇黔，撫定諸蠻，厥功亦偉：

脫力世官畏吾人也。以父功，世襲羅羅斯副都元帥同知宣慰使，引兵討平定昌路叛酋谷納，嘗以本部之羅羅斯蒙古爨僰軍從左丞愛魯討平亦奚不薛諸寨蠻。復與參政阿合八失攻下子童及威龍州判官阿遮等亂。旣還，治括戶口，立賦稅，以給屯戍。元史一三三卷本傳。

斡羅思康里氏。至元中，以內府必闍赤遷雲南行省理問，領雲南王府事，討平八番羅甸諸蠻。二十九年，進八番順元等處宣慰使都元帥。大德中，授羅羅斯宣慰使，列傳一三四卷本傳。

阿里海牙畏吾兒人。至元十三年，降八番羅甸，以其地總管土酋入見，置宣慰司及宣撫以鎮之。

若夫色目之從征大理者，有班都察葉僊鼐月舉連赤海牙及雪雪的斤火兒思蠻輩，皆能撫以威惠，綏懷遠人。

班都察世爲欽察國主忽魯速蠻之子也。憲宗時，舉族降，率欽察百人，從世祖征大理伐宋，以勇悍稱，嘗侍御駕左右，掌尚方馬畜，因目其屬曰「剌哈赤」。元史一二八卷土土哈傳。

葉僊鼐畏吾人，從世祖征吐蕃雲南，常爲前驅。己未伐宋至鄂州，先登奪其外城。中統後爲吐蕃宣慰者二十四年。隨地設屯鎮撫，恩威並著，夷並悅服。旋遷雲南行省平章政事。詳元史一三三卷本傳。

月舉連赤海牙畏吾人。從太子滿哥都征雲南，戰數勝。按征雲南者忽必烈，滿哥都一名，當爲世祖第三子安西王忙哥剌之誤，詳元史一三五卷本傳。

雪雪的斤元史無傳，附見元史本紀稱至元二十二年（西元一二八五年）遣雪雪的斤領畏吾兒戶一千戍合剌章，此爲回族正式移殖雲南之始。

火兒思蠻畏吾兒人。至元中，以世臣子從雪雪的斤鎮雲南。見元史一二四卷哈剌亦哈赤北魯傳。

八丹畏吾人。從世祖征哈剌章有功。列傳一三四小石雲脫忽憐傳。

至順初徹里帖木兒之討伯忽，軍紀嚴明，頌聲載途。

徹里帖木兒出西域大族。至順初，（西元一三三〇年）總兵討伯忽之亂，治軍有紀律，所過秋毫不犯。事平，賞賚甚厚，悉分賜將士。見元史一四二卷本傳。

他如立智理威之懇切，朶兒赤之忠摯；汪惟勤三旦八之勤政，郝天挺趙世延之傳學，尤彬彬有文焉。

立智理威唐兀人。至元十八年，爲四川嘉定路達魯花赤，會雲南盜起，（本紀因合剌章及烏蒙之民變。）號數十萬馳入告急。雲南王入朝，所在以驛騎縱獵，立智理威詰責之，王爲之止獵。見元史一二〇卷本傳。

朶兒赤至元後爲雲南廉訪副使。時諸蠻叛，僚佐悉稱故去，而朶兒赤獨居守，白於梁王，得檄而後出。未幾復由山東調雲南廉訪使，會行省丞相帖木迭兒貪虐，羅織安撫使法花魯丁，將置於極刑。朶兒赤爭之，竟獲免。僰夷與蠻相仇殺，時省臣受賄，助其報仇。乃詐奏蠻叛，起兵殺良民。朶兒赤奏劾，竟廢之。年六十，卒於官。子仁通爲雲南行省理問。天歷二年三月，伯忽之亂，仁通率官軍抗之沒於陣。按元史本紀大德五年（西元一三〇一年）征八百媳婦，土官宋隆濟叛，烏撒烏蒙東川芒部及武定威楚諸蠻，皆乘釁應之，攻掠州縣。朶兒赤得檄而出，當在此時。又武宗至大三年（西元一三一〇年）雲南丞相鐵木迭兒擅離職赴都，有旨詰問，以皇太后旨貸免，令復職。十一月，尚書省言雲南臨安大理等處宣慰司及普定路所隸部曲，連結蠻寇，殺掠良民，諭之不報。則朶兒赤第二次游滇，乃武宗時也。詳見元史一三四卷本傳。

汪惟勤旺古族人。武宗時，官雲南諸路平章政事。列傳一五五卷。

三旦八西夏人。至正間，官雲南右丞，多善政，得軍民心。見滇繫職官。郝天挺朶魯別族，英爽有志略，受業於遺山元好問。世祖俾執文字，備宿衛，待之甚厚。及建省雲南，除參議雲南行尙書省事，尋入爲吏部尙書，歷事成宗武宗仁宗諸朝，嘗修雲南實錄五卷及鼓吹集，行於世，元史一七四卷本傳。趙世延雍古族人。至元中，授雲南諸路提刑按察使司判官，會烏蒙蠻叛，世延會省臣討降之。八百媳婦之役，世延言蠻夷宜羈縻，書再上，兵竟罷。皇慶三年，出爲雲南行省右丞，後官至中書省平章政事，曾與虞集等修皇朝經世大典，文學爲一代所宗仰。元史一八〇卷本傳。

哈剌觧以八百媳婦討伐之失利，致爲當世所集矢。然平情論事，固不能以成敗而短之。

哈剌觧哈魯人。大德五年，授雲南行省右丞，偕劉深征八百媳婦至順元，喪師而還，因以罪廢，元史一三二卷本傳。

重喜烏思藏人。從世祖征哈剌章。後其孫德壽官至雲南左丞。元史一三三卷趙阿哥潘傳。

若夫元代漢人，仕宦於滇者，名位雖下，建樹則著。如姚樞劉秉忠鄭鼎董文用昆弟，類多中原魁傑，相與追隨世祖，討伐大理者也。

姚樞洛陽人，事世祖於潛邸，政令多所贊畫。壬子夏，從征大理，至曲先腦兒之地，夜宴。樞陳宋太祖遣曹彬取南唐，不殺一人，市不易肆事。明年師及大理城，飭樞裂帛為旗，書止殺之令，分號街陌，由是民得相完保。元史一五八卷本傳。

劉秉忠瑞州人。癸丑從世祖征大理，每贊以王者神武不殺，故克城之日，不妄殺一人。元史一五四卷本傳。

張文謙邢州人，與秉忠同學，因薦之，頗見重信。世祖征大理，國主高祥拒命，殺使遁去。世祖怒，將屠其城，文謙等諫曰：非民之罪，請宥之。由是大理之民，賴以全活。元史一五七卷本傳。

鄭鼎陽城人。庚戌從憲宗征大理國，自六盤山經臨洮，下西番諸城，抵雪山。山徑盤屈，舍騎徒步，嘗背負憲宗以行。敵據險要，鼎奮身力戰，敵敗北，帝壯之。至金沙江，波濤洶湧，帝臨水旁危石，立馬觀之。鼎諫曰：此非聖躬所宜，親扶下馬。帝嘉之。俄圍大理，晝夜急攻，城陷，禽其主。大理平，師還，令鼎居後，經吐蕃，全軍而歸。按征大理者世祖忽必烈，而非憲宗。征滇之年，乃憲宗即位之三年癸丑，而非憲宗即位前一年庚戌，此係元史舛誤，趙甌北論之甚詳。元史一五四卷本傳。

董文用與弟文忠藁城人。癸丑從世祖督糧械，贊軍務，征大理。元史一四八卷本傳。

董文炳董文選並從世祖征大理。文炳率義士四十六騎從行，人馬道死殆盡，及至吐番，止兩人能從，兩人者，挾文炳徒行，躑躅道路，取死馬肉續食，日行不過二三十里。其弟文忠先從世祖軍，因載糧使迎之，日益親貴。元史一五六卷本傳。

徐世隆陳州西華人，世祖召見於日月山。時方圖征雲南，以問世隆。對曰：孟子有言，「不嗜人者能一之。」況蕞爾之西南夷乎。元史一六〇卷本傳。

解誠易州定興人，善水戰，從世祖下雲南大理，以功賜金虎符，從攻宋及交趾，均有功。元史一六五卷本傳。

許國楨曲沃人。癸丑從征雲南，機密皆得參與，朝夕未嘗離左右。元史一六八卷本傳。

賀仁傑京兆鄠人。其父治室，於毀垣中得白金七千五百兩，世祖征雲南駐六盤山，因持五千兩獻之。仁傑從征雲南，頗著勞績。一六九卷本傳。

丑妮子大興人。父賈昔剌以世臣從征雲南，躍馬入水斫戰船，破其軍。帝奇其勇敢，而戒其輕銳。元史一六九卷本傳。

以政治論，張立道劉正程思廉爲最。立道佐忽哥赤爲治，開昆明渠道，興屯墾，置學校，移易其風俗。徇金齒，籍兩江，其功不下於賽典赤父子。

張立道陳留人。至元四年，以王府文學，從皇子雲南王忽哥赤之鎮，署大理等處勸農官，領屯田事，會都元帥寶合丁忌忽哥赤爲王，設宴置毒酒中王薨，立道潛結義士十三人，約共討賊，亡至吐番界，遇帝所遣御史大夫博羅歡王傅別帖與告變，遂與俱還。按寶合丁等罪，皆伏誅。有旨詔立道入朝，問王薨狀，帝歔欷泣下，賜金以旌其忠。八年復使安南，定歲貢之禮。十年授大理等處巡行勸農使，佩金符。其地有昆明池，（卽滇池也。）介碧鷄金馬之間，環五百餘里，夏潦暴至，必冒城郭，立道求源泉所自出，役丁夫二千人治之，洩其水，得壤地萬餘頃，皆爲良田。爨僰之人，雖知蠶桑，而未得其法。立道始敎之飼養，收利十倍於舊。雲南之人由是益富庶。羅羅諸蠻慕之，相率來降，收其利，悉爲郡縣。十五年除中慶路總管，佩虎符。先是雲南未知尊孔子，祀王逸少爲先師，立道首建孔子廟，置學舍，勸士人子弟以學，擇蜀士之賢者，迎以爲師，歲時率諸生行釋菜禮，人習禮讓，風俗稍變矣。行省平章賽典赤表揚於朝，有旨晉官以褒之。十七年入朝，力請於帝，以雲南王子也先帖木兒襲王爵，帝從之，遂命立道爲臨安廣西道宣撫使，兼管軍招討使，仍佩虎符。會禾泥路（在今元江臨安間）酋必思反，煽動諸蠻，亟發兵討平之，鼓行而西，徇金齒甸七十城，越麻甸抵可蒲，皆下之。二十二年，又籍兩江儂士貴所部戶二十五萬有奇，創廟學於建水路，書淸白之訓於公廨，以警貪墨，風化大行。二十七年，奉使安南，旣至數以僭逆之罪，其王始復修歲貢之禮。未幾遷陝西肅政廉訪使。三十年皇孫松山封梁王，出鎭雲南，求舊臣可爲輔者，因拜立道爲雲南行省參政，視事期月，卒於官。立道凡二使安南，官雲南最久，頗得士人心，爲之立寺善闡城西。所著有效古集及平蜀總論安南錄雲南風土記六詔通說若干卷。子元，雲南行省左右司郎中。元史一六七卷本傳。按南詔於周武后時，已立孔子廟於國中，南詔野史及本傳謂南人不知尊孔，祀王逸少爲先師，不知所本。意者南詔野史或卽張道宗之書。而道宗卽立道耶。

劉正。理財愛民，剔除積弊，亦忽辛之亞也。

劉正清州人。大德中，爲雲南左丞。時右丞忙兀突魯迷失請征緬，正以爲不可，師果無功。雲南民歲輸金銀，近中慶城邑戶口，則詭稱逃亡，甸塞遠者，季秋遣官領兵往徵，費以萬計，所差官必重賂省臣乃得遣，徵銀必什加二，而折閱之數有如之。其送迎饋饍，亦如納官之數。所遣者，又以銅雜銀中納官，正首疏其弊，給官秤，俾士官詣官輸納，其弊始革。始至官儲𧴩二百七十萬索，白銀百錠。比四年，得𧴩一千七十萬索，金百錠，銀三千錠。按元史食貨志稅粮下，雲南省歲粮凡二十七萬七千七百一十九石，依世祖時遠倉粟一石，折納中統鈔二兩計，歲不過伍拾餘萬兩，以大於今雲南省約三份之二之版圖，其賦稅尚不及江浙十六分之二，則其隱漏也多矣。劉正之所剔除，特其積弊之大者耳。元史一六三卷本傳。

思廉。綏懷遠人，振興學校，風節爲御史冠。

程思廉雲中人。至元二十六年，立雲南行御史台，以思廉爲御思中丞。始至，蠻酋來賀，詞若遜而意甚倨。思廉奉宣上意，綏懷遠人，且明示禍福，聞者慴服。雲南舊有學校，而禮教不興，思廉力振起之，始有從學問禮者。元史一六三卷本傳。

信苴日楊賽因不花，以漢族苗裔流衍滇黔，畏威懷德，苗蠻欽從。元利用之以制諸夷，名位雖下，實柄則大，蓋一州之主土司酋長也。

信苴日，僰人也。其先姓段氏，世爲大理國主，後累爲權臣高氏所廢。歲癸丑，當憲宗朝，世祖奉命南征，誅其臣高太祥，以段興智主國事。乙卯興智與其季父信苴福入覲，詔賜金符歸。丙辰獻地圖，條奏治民立賦法。憲宗大喜，賜興智名摩訶羅嵯，悉主諸蠻白爨等部。興智遂委國其弟信苴日，自與信苴福率爨僰軍二萬爲前鋒，導大將兀良合台，討平諸部之未附者，攻降交趾入朝。興智道卒，中統二年，信苴日入覲，世祖復賜虎符，詔領大理善闡威楚統矢會川建昌騰越等城，自各萬戶以下，皆受其節制。至元元年，（西元一二六四年）舍利畏結威楚統矢善闡及三十七部諸爨，各殺守將以叛。善闡屯守官不能禦，遣使告急。信苴日率衆進討，大敗之，威楚寶滿裔復遣孛羅攻賊於統矢，又大敗之。其秋舍利畏又以衆十萬，謀攻大理，詔都元帥也先與信苴日討之，破賊兵於安甯，遂復善闡，降威楚，定新興，晉攻石城，肥膩皆下之，爨部平。十一年贍思丁爲行省平章政事，更定諸路名號，以信苴日爲大理諸路總管。未幾舍利畏復叛，信苴日遣石買等詭爲商旅，執贄往見，挺矛撞殺之，行省以聞。於是置郡縣，施敎化，與中州等。十三年緬國擁象騎數萬，掠金齒南甸，欲襲大理，行省遣信苴日與萬戶忽都領騎兵千人禦之，以功授大理蒙化等處宣撫使。十八年入覲，復拜雲南諸路行中書省參知政事。十九年，詔同右丞拜答兒迎雲南王征緬之師，行至金齒，以疾卒。信苴日治大理，凡二十三年，子阿慶襲。按段氏之先，系出武威郡人。有名儉魏者，爲蒙氏淸平官。六傳至思平借兵三十七部蠻，逐楊干貞而有其國，改國號曰大理，時後晉天福二年，西元九三七年也。宋與北有大敵，蠱棄南中，由是大理與宋對峙者，三百餘年。迄癸丑世祖南征，虜興智滅其國，凡二十二主，三百十五年，大理亡。然自信苴日（西元一二六一年）迄段世（西元一三八二年）凡十二世，一百二十二年間，十一總管出焉。故段氏於元代雲南之政柄，實與梁王比衡，傳所謂僰人者，蘊段氏本白國之裔，元史誤僰為白，非正論也。元史一六六卷本傳。

楊賽因不花，原名漢英，唐末南詔陷播州（今貴州遵義）有楊端者，以應募起，竟復播州，遂使領之，五代以來，世襲其職，十餘傳至邦憲，至元十三年，以版籍內附，授播州安撫，漢英其子也。成宗時，兩入朝覲。大德五年，宋隆濟等叛，詔湖廣行省率兵偕賽因不花討之，擒斬宋隆濟及蛇節，西南夷悉平。元史一六五卷本傳。

至運籌帷幄，則有郭寶玉之諫言，為討伐大理之盡謀。

郭寶玉華州鄭縣人。以軍降木華黎，引見太祖，問取中原之策。寶玉曰：中原勢大，不可忽也。西南諸蕃，勇悍可用，可先取之，藉以圖宋，必得志焉。元史一四九卷本傳。

折衝樽俎，有張庭珍之使節，為駕馭安南之長策

張庭珍臨潢金州人。至元六年，由吐蕃大理奉使安南，喻以禍福曰：王與宋為脣齒，今百萬之師圍襄陽，席捲渡江，則宋亡矣，王將何恃。且雲南之兵，不兩月可至汝境，覆汝宗社，有不難者，其審謀之。光昺惶恐受詔。既而曰：汝過益州見雲南王拜否？庭珍曰：雲南王天子之子，汝蠻夷小邦，暫假以王號，豈得比雲南王。況天子命我為安南之長官，位居汝上耶？光昺及臣下皆服。明年遣使隨之入貢。

元史一四九卷本傳。

奠定滇東，莫如劉國傑李德輝張萬家奴忙古帶劉恩石抹狗狗等之勇毅多謀，恩威並濟。

劉國傑女眞人，時人稱曰「劉二霸都。」大德中，因征八百媳婦，取道順元，土人不堪其擾。於是羅鬼女子蛇節反，烏撒烏蒙東川芒部諸蠻從之，陷貴州。詔國傑合四川雲南思播兵以討之。賊士馬勁利，屢敗官軍。國傑令人持一盾，布釘其上，俟陣合，卽棄盾僞遁，賊果逐之，馬奮不能止，遇盾皆倒。國傑鼓之，賊大敗。七年擒斬蛇節宋隆濟阿女等，西南夷悉平。元史一六五卷本傳。

李德輝通州潞縣人。至元十七年，羅施鬼國，既降復叛，詔川滇湖廣兵三萬討之，兵且壓境，德輝以四川樞密副使，被命在播，乃止三道兵，遣使諭降。其酋阿察至播，慼泣曰：吾儕百萬人，微公來死且不降！今得所歸，蔑有二矣！輝以其言上聞，乃改鬼國爲順元路，錄其酋爲宣撫使，及輝卒，蠻夷哭之如私親，爲位而祭者，動輒千人。元史一六二卷本傳。

張萬家奴父札古帶，至元中，從藥刺海討平亦奚不薛蠻，晉副都元帥，將四川湖廣兵征哈剌章。時雲南惡昌（夷名，通志作莪昌）與羅羅諸夷叛，殺掠使者，刼奪人民，州郡莫能制，遂以兵討平之，民爲之立寺。二十年，從征緬，戰死之。其子保童將其軍，從征緬入太公城，有功，襲副都元帥。孫孝忠，均有戰功於滇黔。詳見元史一六五卷本傳。

劉恩洛水人。至元中，從也速帶兒征建都，爲先鋒，奪其險阨，斷其汲道，諸蠻請降。元史一六六卷本傳。

石抹狗狗契丹人。從藥剌海討平亦奚不薛，復從也速帶兒討平都掌烏蒙蟻子諸蠻。至元二十一年，以蒙古軍八百，從征散猫大盤諸蠻，降之，移戍重慶。元史一六六卷本傳。

忙古帶契丹人。世祖時，從也速帶兒征川黔諸蠻，以功陞萬戶，從攻羅必甸，至雲南，詔以其衆入緬迎雲南王。金齒白衣答奔諸蠻，往往伏險要爲備，奮擊破之，凡十餘戰至緬境，奉王以還，遷副都元帥。從諸王阿台征交趾，奪其戰艦八十七艘。又從雲南王攻破羅必甸。成宗卽位，授烏撒烏蒙等處宣慰使兼管軍萬戶，遷大理金齒等處宣慰使都元帥。六年烏撒羅羅斯叛，雲南行省命率師討平之。未幾又討平普安羅雄之亂，授驃騎衛上將軍，雲南諸路行中書省左丞，行大理金齒等處宣慰使都元帥，卒於軍。元史一四九卷本傳。按本紀至元八年忙古帶等十八族與也速帶兒部同征建都，軍威頗盛。

完顏石柱世仕金爲千戶，其祖從太祖西征有功。石柱襲其職，從世祖征合剌章與宋均有功。至元五年，從攻建都，並著勳勞。元史一六五卷本傳。

張弘綱父禧，東安州人，與叛蠻宋隆濟等戰，沒於軍。元史一六五卷張禧傳。

指斥奸謀，莫如陳天祥郭貫之孤忠抗節，慷慨陳辭。

陳天祥洛陽人。大德中，仕至河南行台御史中丞，上章論征西南夷曰：彼荒裔小邦，遠在雲南西南又數千里，其地僻陋，人皆頑愚，取之不足爲利。深欺上罔下，帥兵伐之，經過八番，恃其威兵，虐害居民。至所在皆叛，軍中乏粮，人自相食，勢窮退走，土官隨擊，以致大敗，喪師什八九，棄地千餘里。朝廷再發陝西等四省軍，使劉二霸都圖收復，大起丁夫，運械播州。通計正夫擔食者，二十餘萬人，正當農時，與此大役，數萬之軍，止仰今次一運之米，自此以後，又當何如。比聞西征敗卒言：遠夷之地，重山複嶺，陡澗深林，竹木叢茂，皆有長刺，軍行徑路，在於其間，窄處僅容一人一騎，上如登天，下如入井，其毒霧烟瘴之氣，皆能傷人。羣蠻既知大軍將至，皆淸野遠遁，阻其要害，以老我師，或進不得前，旁無所掠，士卒饑餒，疫病死亡，將有不戰自困之勢。軍勞民擾，只深一人，是其禍本。爲今之計，惟有請正深罪，駐兵近境，屯集粮餉，布以恩威，漸次服之，此萬全之道也。書上不報，遂謝病去。元史一六八卷本傳。

郭貫保定人。大德初遷湖北道。言今四省征八百媳婦軍馬以數萬計，深入不毛，無益於國。貫博學精於篆籒，當世冊寶碑額，多出其手。元史一七四卷本傳。

餘如李京梁曾譚澄支渭興等，皆中原名士，游宦滇南，則當日雲南之開發，從可知矣。

李京字景山，河間人。大德五年，由樞密宣慰烏蠻，尋陞烏撒等道宣慰副使，兼管萬戶。時烏蠻等地，隸雲南省。京方下車，會羣蠻不靖，按行調發，餽給鎮撫，周履滇雲，悉其見聞，爲雲南誌略四卷以進，翰林學士虞集元明善序之，見滇繫職官。

梁曾燕人。至元中，授雲南諸路行省都事，後陞至兵部尚書，再使安南。大德四年，拜雲南行省參知政事，皇慶朝，頗預大政。元史一七八卷本傳。

譚澄懷來人。世祖時西南夷羅羅斯內附，帝以撫新國，宜擇文武全才，遂以澄爲副都元帥，同知宣慰使司事，比至以疾卒。元史一九一卷本傳。

支渭興字文舉，郃陽人，文宗至順庚午進士，爲雲南行省考試官，道梗留雲南，屢進宣慰副都元帥，有惠政，能文章，見滇繫職官。

馬亨邢州人。從世祖征大理，及卒，子紹庭雲南諸路肅政廉訪司副使。元史一六三卷本傳。

迆律鐸爾爲雲南都元帥，有文武材。元史一八三卷王守誠傳。

趙秉溫趙珥之子也。受學於太保劉秉忠，從征吐蕃雲南大理。至元七年，創立朝儀，閱試稱旨。

周祚事見崔彧傳。世祖時崔彧奏監察御史周祚，昔開罪桑哥，遣詣雲南理算錢穀，以贖其罪。今自雲南回，臣與省臣，閱其伏辭，爲罪甚微，宜復其妻子，皆從之。元史一七三卷崔彧傳。

楊祚字慶之，文宗時爲雲南廉訪僉事，有才略，所至以興學化人爲先務。張謹字君錫號玉溪，河南人。至正間，爲雲南廉訪副使，興學勸農，鋤强旌善，常行部至澂江，辯釋禁獄五十餘人，剖決冗案三百餘事，人皆頌之。二人並見滇繫。

范震，雲南僉事也。曹伯啓好彰善類，在中台所獎借名士尤多，雲南僉事范震，言宰臣欺上罔下，不報。范飲恨死。伯啓具其事，書於太史。元史一七六卷曹伯啓傳。

總元史仕於滇省人材論之，其特徵凡四：一曰仕滇人數漢人爲多，然居佐貳偏裨，無直接軍民之柄。就下表觀之，漢人仕滇三十七員，自居多數；然如姚樞等十三人，從征大理，事竟即去。軍事領袖八員，與滇黔較有關係，惟事權有限，官非極品。仕宦之十六員中，劉正官左丞，地位較高，而爲右丞忙兀突魯迷失所制。張立道建樹偉大，而官僅爲勸農使。餘如程思廉李京以下十餘人，亦僅中級官僚。信苴日楊賽因不花，以累世士官之餘威，分鎮滇黔，雖僅有總管安撫使名位，恆爲漢夷所憚服，漢員中之擁有實力者也。按漢員中，未加統計者，爲郭寶玉張庭珍陳天祥郭貫四人，以其事雖與滇有關，而名位則與仕於滇者異也。

二曰軍政之柄，集諸蒙族民政則爲色目所操縱　癸丑之役，蒙族列行伍者，皆一時英俊之選。至元以後，雲南置爲行省，如也速答兒速哥等之於滇東，也先不花步魯合答之於滇西，其卓越之戰績，並爲不可多得之軍事

元史仕宦雲南人才比較表

事由	蒙古人數	色目人數	漢人人數
西元1253年之役	10	6	13
滇東之軍事領袖	8	6	6
滇西之軍事領袖	2	6	2
仕宦雲南者	8	14	16
謫戍雲南者	3		
綜計人數	31	32	37

領袖。而諸王子孫之鎮撫滇南者，以領有軍政，爲行省官所不逮，故爭權之事，時有所聞；雖如賽典赤之公忠體國，若不得於諸王，亦不能有所更張。本紀至元二十二年，乃有「事不議於雲南王也先帖木兒者，毋輒行。」之諭，則其權力之大，殆無出其右者矣。文宗天歷三年，諸王答失不花禿堅不花與丞相也先吉尼相攻。至順元年，雲南諸王禿堅與萬戶伯忽等叛，攻陷中慶路，元廷興師動

衆，舉三省兵數萬討之，始平其亂，亦方鎮拔扈之類也。以民政言，蒙族雖居高位，其政治運用之技能，不逮色目遠甚。如丞相帖木迭兒之貪暴專橫，（見朵兒赤傳）平章答失鐵木兒朵兒只忽辛（英宗時人，見本紀）之貪贓枉法。丞相亦兒吉猲廉訪副使散兀只台之使酒相詆。（泰定帝時人，見本紀）丞相也先吉尼之拔扈恣睢，奉詔不至。（文宗時人，見本紀）大理等處宣慰使都元帥寶赫鼎王傳闊闊歹等之協謀毒殺雲南王，凡此離奇之事，皆出於統治階級地位最高之蒙族者也。反之色目中人才甚多，嘗有優越之政績，爲當世所師法。

三曰癸丑討伐大理，漢人隨從較多，合諸蒙古及色目二族，殆占元史滇官人數約五分之二。漢人計十三員，色目六員，蒙古十員，共二十九員。於仕宦雲南之一百人中，約當三分之一，觀上列比較表自明。

四曰仕滇人員以世祖成宗兩朝爲盛，後遂遽減。

按上所舉仕滇人數一百人中，屬於世祖時者七十八人，成宗武宗仁宗英宗四朝十四人，泰定帝及文宗順帝三朝祇八人，則仕滇者，成宗後卽委縮不振。推其致此之由，蓋開國之初，以滇爲經略番漢根據，故集全國智勇之士，以相搏擊，迨中原既下，四夷來享，不必有事於邊陬；而荒服之區，封以蕃王親貴，統以流官士官，中材之士，可以守成，無待於特出魁傑之士，而人亦憚其窵遠阨塞，視同畏途，此其一因。又元之仕宦，父子相襲，成爲風習。滇以邊陲，除平章右左丞等行省高級官外，其萬戶、千戶、百戶、宣慰、宣撫、安撫、總管等官，嘗爲世襲。大抵六品以下，即由本省選辟以聞。此其二因。要之元人開滇，以軍事進展爲其目的，人材增減，亦以軍事有無爲轉移。蒙古色目漢人皆勝利者，而南人爲被征服者，故仕滇人士，前三者均有相當地位，獨無南人，其待遇亦苛矣哉。

元代臨濟宗大闡佛法之筇竹寺造像

滇池西南有觀音山接近昆陽古城元之押赤所在

七　兀良合台傳繹名

兀良合台者，元西征歐亞大將速不台之子也，率其精銳，從世祖征大理國，伐安南，會師兩湖，大挫宋兵，元開國武臣，轉戰功勳之高，無出其右者。元史卷一百二十一本傳所載，大抵皆征滇之事，頗足以見十三世紀時之雲南，惟代遠年湮，地名遷變，多不可解，茲參合元史本紀地理志，及本省方志諸書，繹名於左。

世祖本紀癸丑秋八月，伐大理，師次臨洮，九月次塔拉（在吐蕃境）分三道以進。大將兀良合台率西道兵由晏當路；諸王察罕伊兆爾率東道兵，由白蠻；帝由中道。乙巳至滿陀城，留輜重。十月丙午過大渡河，又經行山谷二千餘里，至金沙江，乘革囊及栰以濟，摩娑蠻主迎降，其地在大理北四百餘里。兀良合台傳，憲宗即位之明年，世祖以皇弟總兵討西南夷烏蠻白蠻鬼蠻諸國，以兀良合台總督軍事，其鬼蠻即赤禿哥國也。癸丑秋，大軍自旦當嶺入雲南境，摩娑二部酋長唆火脫因塔裏馬來迎降，遂至金沙江。

按癸丑為蒙古憲宗即位之三年，時宋理宗寶祐元年，西元一二五三年也。晏當路在今麗江府徼外，兀良合台西道兵，先由此入滇，在麗江縣西北之石門關次科渡石鼓渡格子渡等處，渡金沙江，降麼些蠻。忽必烈自率中道勁騎，從越嶲乘栰及革囊渡金沙江，至永甯，元史世祖駐軍日月山，卽此地也。由永甯西至麗江府東北金沙江岸之寶山廢州，一百三十里，渡江道中有太子關，世祖嘗日從此南下，與兀良合台兵會合者也東道兵自今姚安入癸丑十二月己未，西中兩道兵已破大理，最後來會者也。摩娑卽麼些，爲南詔之越折詔，二部在今鶴麗中維等屬，土著之烏蠻族也。所謂總兵討西南夷者，蓋就全滇川黔，卽大理國諸部而言何以言之，如烏蠻者，東爨烏蠻，元人謂之合剌章，分布迤東。白蠻者，西爨白蠻，謂之察罕章，分布迤西。鬼蠻者，赤禿哥國，分布普安以北諸部者也。

十一月辛卯，遣使大理。丁酉師至白蠻打郭寨，其主將出降，其姪堅壁拒守，殺之、不及其民。庚子次三甸，辛丑白蠻送款、十二月丙辰，晉薄大理。

兀良合台傳旣降摩些，分兵入察罕章，蓋白蠻也，所在寨柵，以次攻下之，獨半空和寨，依山枕江，牢不可拔。兀良合台率阿朮，以礮攻下之，幷拔阿叔城，進師龍首關，翊世祖入大理國城，則本紀所謂其姪堅守者，卽半空和寨也。半空和寨舊志作「半空和塞」方輿紀要麗江府東北二百四十里，爲寶山廢州，州西瀕金沙江，西南十五里有阿那和故寨，夫阿爲發語辭，「那和」者，當卽「半空和」之音轉，讀那如娜也。又曰唐時麼些蠻兄弟七人分據七寨，曰大匱曰羅邦曰羅寺曰礙場曰卡頭場曰當波羅場曰當將郎。蒙古忽必烈征大理，自卡頭濟江，由羅邦至羅寺圍大匱等寨，其會內附，名其寨曰察罕忽魯罕，度其義，此諸地當爲白蠻寨所謂打郭寨者，即紀要之大匱寨也。三甸在今劍川劍湖南之甸頭甸尾諸腴土。由麗江赴大理四百餘里，有兩途，一經鶴慶，一經劍川，均五日程，蒙古兵兩道幷進，同會鄧川入大理。白蠻即察罕章白爨之苗裔，分殖滇西各屬，而以大理府屬爲其中心居住地，南詔後之鄭趙楊段高等氏，皆其望族，文化之隆，冠絕諸蠻，白蠻降則它族無足爲，故十一月，兩道兵合，十二月丙辰即薄大理。本傳所謂進師龍首關翊世祖入大理國是也。

甲寅秋分兵取附都善闡，轉攻合剌章水城屠之。

甲寅爲理宗寶佑二年，西元一二五四年，蓋寶祐元年，大理既破，國主段興智奔善闡，柄臣高太祥（本紀作高祥高和兄弟。）奔姚州，命大將伊克及巴圖爾追之，十二月八日辛酉，世祖遂南出龍首關次趙瞼（今鳳儀，在大理東南三十里。）癸亥十日，獲高太祥於黑初山（今碍嘉縣西）斬之。留大將兀良合台，經略諸蠻之未平者，與段氏同安輯大理，遂班師。是中路東路兵，均於此時由世祖率之北還，甲寅留滇者，只西路兵耳。夫癸丑冬，滇西軍事已告結束，至甲寅秋，始分兵取附都善闡，則安輯撫綏勘定反側者七八月，史文未載，當係缺軼。善闡即今省垣昆明——見前章昆明縣與善闡城——合剌章即黑爨——見前章合剌章與察罕章——水城不詳何地，元史地理志元初置善州領昆明官渡二縣，後併官渡入昆明，志稱官渡在省垣東南三十里，地臨滇池，三面皆水，必其城既屠之後，荒蕪滿目，故元得而省之也。

前次羅部府，大酋高昇，集諸部兵拒戰，大破之於湊可浪山，遂進至烏蠻所都押赤城，城際滇池，三面皆水，既險且堅，以礮火攻破之。

方輿紀要羅部城在今省垣西一百四十里之羅次縣北，舊爲蠻酋恃險處，亦曰羅部府，押赤城在其東南。馬可波羅游記謂由河次（河子城，即今鎮南之呂閣）行五日，至押赤城，其說押次與河次城之距離，以今程途言，適與顧氏同，然不可解者，羅次東南接安寧，並無臨滇池之城郭，若從高岱說，以爲押赤即善闡，又無以解於善闡爲大理附都，押赤爲烏蠻首都之語。考一統志於昆陽州云：蕭梁時土人爨瓚者，據此。隋拜爨翫爲昆州刺史，亦治於此，天寶中，沒於南詔，是昆陽一縣，由南北朝迄隋唐（西元四二〇年至七四〇年）三百年間，均爲西爨首都，自鳳伽異築拓東城（西元七六六年）徙東爨以實西爨地，迄於元初，五百年間，昆陽遂爲東爨烏蠻之首都，蠻書昆池在拓東之西南百餘里，碧鷄山下爲昆州，因水爲名是也今昆陽州城，爲元巨橋萬戶府，地臨滇池，其西北有古城，亦與滇池接，不知孰爲押赤，要在昆陽境內無疑蓋其地，大理時爲高氏所世守，故高昇得於此集兵也。洟可浪山，疑在今易門縣境，距昆陽西百五十里，大理高福世守此，元立洟門千戶，隸巨橋萬戶府。縣有娘當山，爲善闡邊戍之所，今富民東北十里，有洟扎郎水，或亦有關。

至昆澤擒其國王段興智及渠帥馬合剌昔以獻。

漢書地理志及續漢書郡國志於益州郡有昆澤縣。通志昆澤嵩明州也，夷語大者曰「昆」，州東南十五里有嘉利澤，周百餘里，州以澤名，亦猶大澤鄉之類耶。大理國人信佛，其名「馬合剌昔」當亦摩訶羅嵯之類。

餘衆依阻山谷，分命裨將合圍，攻破乾德哥城。乙卯攻不花合因阿合阿因等——城，阿禾先登，取其三城。

此諸城不詳何地，顧祖禹氏曰：蒙古兀良合台自善闡而東平爨蠻而後略定諸裔，引兵從交廣而北交水廢城，在今霑益州南一百三十里，則此諸城，當在今嵩明霑益之間無疑。志稱嵩明州南，昔有南詔清平官楊祐者，築阿葛籠蒙瑞籠諸城，周迴相望爲犄角之勢，撫定蠻民，甚有威績，卽此地耶。

又攻赤禿哥山寨，阿禾緣嶺戰拔之，乘勝擊破魯廝國塔渾城，又取忽蘭城，魯魯廝國大懼，請降。

赤禿哥，即鬼蠻也，此指曲靖東北普安普定威甯境之羅施鬼國言，元於此置八番順元等處軍民宣慰使都元帥府，其間威甯畢節，地當川滇黔之交，七星關諸隘，幷爲奇險，自畢節而西，二百六十里至烏撒，即威甯宣威諸屬也。由烏撒至霑益僅二百四十里，元志烏撒山崖險扼，襟帶西湖，羊腸小徑，十倍蜀道，宋時烏蠻之裔析怒居之，號烏撒部，元初歸附。阿禾緣嶺而戰，當即此也。塔渾城不詳所在，魯廝國似應置於今昭通東川鎭雄諸屬。志云，宋封阿杓爲烏蒙王，元初歸附，置烏蒙路。其地東至烏撒二十五里，西至建昌四百九十里。夫烏蒙本羅羅族，阿杓稱王，則其地爲魯廝國明矣。魯魯廝國即今四川省建昌境，宋時羈屬於大理，元憲宗時降附，置建昌路。至元十二年，又立羅羅斯宣慰司以統之，由此西北行三百里爲鹽井衞，即柏興府，南詔於此置香城郡，宋時蠻名賀頭甸，元初爲落闌部，其地西北通永甯三百里，西通麗江五百里，地饒鹽利，西陲之屏翰，而建昌之根底也。本傳所謂忽蘭城，當即落闌部，故忽蘭一破，竟使魯魯廝搖動，因而請降也。

阿伯國有兵四萬，不降。阿禾攻之，入其城，舉國降。

元地理志無阿伯國，惟於臨安路下曰：元憲宗六年內附，置阿僰部萬戶，至元八年，改爲南路。十三年改臨安路。於石屏州下曰：宋時阿僰蠻奪而據之，名石坪邑。於通海河西縣下曰：地名休臘，本屬步雄，後阿僰蠻易渠奪而居之，元初隸阿僰萬戶。於蒙自縣下曰：大理時爲阿僰蠻所有，元初置蒙自千戶，隸阿僰萬戶。則所謂阿伯國者，卽今臨安通河蒙自等屬之阿僰蠻地，僰與伯，同音相轉。滇南之上閩，邊陲之保障也。

復攻阿魯山寨，克其城。搜捕未降者，遇赤禿哥軍於合打台山，追赴臨崖，盡殺之。自出師至此，凡二年，平大理五城八府四郡，洎烏白等蠻三十七部，兵威所加，無不款附。

阿魯地理志不詳。方輿紀要楚雄府唐後爲雜蠻耕牧地，夷名「峨碌，」後爨酋威楚，築城峨碌睒居之，因名威楚城，元初內附，置萬戶府。其地東衞滇郡，西連大理，南控交趾，北接姚安，亦南中之要鎭也。夫元兵先下大理，甲寅秋，攻善闡，其間相去八閱月，所分之兵，始踰威楚而東，則楚雄境內，戰爭劇烈，可想而知今諸路已定，而高氏死灰復燃，更以相抗，故曰復攻之所謂阿魯者，卽峨碌睒者，蠻名曰城。阿魯城，卽峨碌睒也。元自癸丑秋八月出師，凡二年始平大理，則軍事結束當爲乙卯秋間，卽宋理宗寶祐三年，西元一二五五年也。三十七部之名，蠻書詳載之，什之九在今滇中蒙自二道也。

丙辰征白蠻國波麗國。阿禾生擒其驍將，獻俘闕下。

元江府蒙氏時，屬銀生節度使，徙白爨蠻蘇張周段等十姓蠻戍之，元初內附，後復叛，築城以拒命。至元十三年，遙立元江萬戶府以覊縻之。二十五年，討平其地，復於威遠置元江路，割十二部以統之。其十二部中，一爲羅槃甸，在元江西，今因遠縣佐之所在也。蒙氏立此甸，徙白蠻鎮之，名「步日瞼」，元之步日部，波麗國，當即此也。蠻書白蠻言語音最正，其讀日爲泥，步爲波，均屬古韻

詔以便宜，取道與鐵哥帶兒兵合。遂出烏蒙，趨瀘江，劃禿剌蠻三城，却宋將張都統兵三萬，遂通嘉定重慶，抵合州，濟蜀江，與鐵哥帶兒會。丁巳以雲南平，遣使獻捷於朝，且請依漢故事，以西南夷悉爲郡縣，從之。

兀良合台第一次南征，止於此。蓋由滇西麗江晉兵，而取道昭通以還四川時，宋理宗寶祐五年，西元一二五七年也。是年復以大元帥還鎮大理，征烏蠻。秋九月遣使招降交趾不報，冬十月進兵壓境，其國主陳日照請內附，於是置酒大饗軍士，還軍押赤城。戊午(西元一二五八年)兀良合台及

軍士病，將旋師，戰馬多爲禿剌蠻盜掠，阿禾率軍士搜訪，破其諸寨，生擒賊酋，盡得前後所盜馬千

七百匹，乃屠押赤城。夫押赤爲爨首都也，地在今昆陽境，城既屠，則千年文化，付諸灰燼，於是元代滇東政治中心，遂全集於善闡，此善闡押赤非爲一城之反證，馬可波羅游記所記之押赤，既誤其方位，以爲在河次西五日，實則在其東。又誤其名稱。蓋馬可奉使於至元十六年（西元一二七九年）時押赤已爲燼餘者二十二年，雲南首都乃爲善闡，而以兩地同濱滇池，觀念類似之故，追憶時，遂不覺其張冠李戴也。

阿魯山寨一統志楚雄西門外有石形似屏，高八尺，名峨碌山。

滇池西之華亭寺為元僧玄鑑無照所建

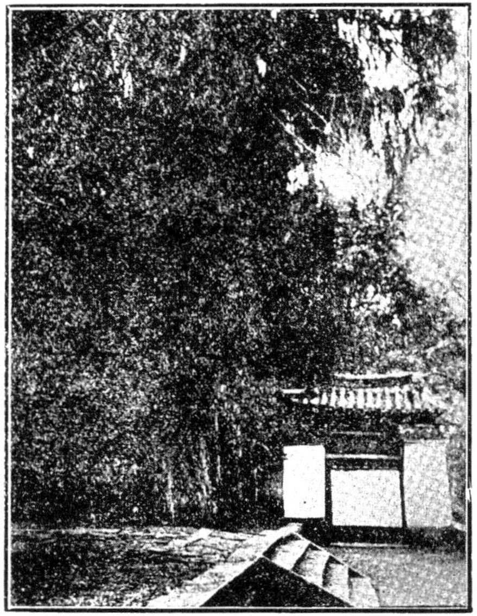

元明以來昆明之道教寺觀名黑龍潭有唐梅宋柏之景

八　元代滇之寸白軍

「寸白」一名，出於元史兵志，而本紀列傳地理志中，亦雜見之，蓋卽全滇土司軍之總名也。其名與爨僰二字同音相轉，取其筆畫簡略，便於記識，不如爨僰之繁重難書而已。

寸白軍者，滇之鄉兵也，淵源於諸葛武侯之「青羌飛軍，」及諸「大姓部曲。」

元史兵志遼東之糺軍契丹軍女眞軍高麗軍；雲南之寸白軍；福建之畬軍則皆不出戍他方者，蓋鄉兵也。滇省鄉兵之組織，以武侯之「飛軍」爲最早且著。華陽國志建興三年，亮平南中，以南中勁卒置「飛軍。」又云亮移南中勁卒青羌萬餘家於蜀，爲五部，所當無前，號爲「飛軍。」分其羸弱配大姓焦雍婁爨孟量毛李爲部曲，置五部都尉，故南人言四姓五子。又延熙二年，馬忠定越嶲置「赤甲軍。」亮亦發勁卒三千人爲「連弩士。」出師表盛言「青羌一之不可多得，則滇軍善戰，此時已蜚聲中原矣。家部曲爲中古以來我國之一種兵制，日知錄卷二十九家兵下引漢書三國志晉書言之極詳，故武侯得利用之以爲鎭服南中勁旅。華陽國志曰：以夷多剛很不賓，大姓富豪，乃勸令出金帛收集惡夷爲「家部曲，」得多者奕世襲官，於是夷人貪漢貨物，以漸服屬於漢。

兩晉南北朝間，南中大姓之勢強，恆叛殺官吏，皆依仗部曲，爲其心膂。

晉書太康三年，李毅爲南夷校尉，鎮南中，統五十八部夷族。時大姓已強，中國犯法之徒，逃居此地，敎以奸邪，頗易爲亂。按此時南中大姓各擅山川，擁重兵，不相役屬。如朱提大姓李猛，牂牁大姓王氏，建甯有五部都尉，四姓及霍家部曲；朱提大姓朱魯雷興仇遞高李，亦有部曲，其民好學，濱犍爲，號多士，爲甯州冠冕。他如南北朝之同樂大姓爨氏，唐以後永昌（今四川建昌境）大姓陳趙謝楊等氏均有部曲。故太康中，五苓夷之反，李猛毛詵李睿等實爲主謀，及永嘉中王遜繼李毅爲校尉，遙舉建甯大姓董敏爲秀才，夷晉始安。李雄據蜀，牂牁大姓謝恕保境爲晉，蜀人竟無如之何。劉宋時，爨龍顏仕宋爲龍驤將軍，以精銳五千，剷平羣蠻，迄唐初七百年間，爨氏子弟，爲王侯、公卿、將軍、太守、刺史者，更僕難數，要皆各自有其部曲，以支持其政治勢力。

南詔興，大姓之潛勢力，以兩爨及洱河諸蠻之播遷，更分播於兩迤，而「爨僰軍」之名，亦以是成立。

自兩爨建國，所謂爨兵者，形成絕大勢力，其名殆不下於青羌。南史太清二年，（西元三七七年）侯景亂梁，甯州刺史徐文盛，聞難乃召募得數萬人來赴，元帝以爲泰州刺史都督，授以東討之略，東下至武昌，遇侯景將任約，遂與相持，此爨兵之建功於中原者也。及蒙氏併滅兩爨，於是爨兵之勢衰，代之者，爨僰之混合軍也。夫「爨僰軍」之得名，雖不詳其所自，要以地理有關。雲南蠻司志曰：居黑水（卽瀾滄江也）之表者曰僰人，居其裏者曰爨人。南詔徙蠻後，黑爨分駐滇東，白爨流播迤西，西洱松外諸蠻，則移徙拓東，是爨僰之大混合期也。顧事實上，全用「爨僰軍」之名義者仍鮮，如新唐書南詔將段酋遷陷安南都護府，號其兵曰「白衣沒命軍」，白衣卽擺夷，或僰夷，此卽寸白軍之別名也。滇載記段思平借兵東方黑爨松爨三十七部，此亦寸白軍之別名也。惟松爨古無所本，或卽松外蠻於唐天寶後，爲南詔放逐於滇東者。南詔野史宋神宗元豐三年（西元一〇八〇年）楊義貞弒廉義自立，僅四月，善闡侯高智昇命子高昇泰起兵東方「爨僰兵」討而誅之。是爲「爨僰軍」見於正史之始。南中人心之趨向，於此見矣。

爨僰軍之組織，唐書蠻書並詳載之。大抵民任兵役，亦如唐府兵之制。新唐書南詔傳上幕爽主兵，爽省也。壯者皆爲戰卒，有馬爲騎軍。人歲給韋衫袴，以邑落遠近分四軍，以旗幟別四方面，一將統千人，四軍置一將。蠻書每面置一將，或管千人或五百人，四軍又置一「軍將」統之。凡敵入境，以所入面將禦之。王親兵曰「朱努佉苴」，擇鄉兵爲四軍羅苴子，戴朱鞮（提當與鞮通，卽朱提郡以產銀銅鎌等著名，此二字應爲銀銅之代名詞）鍪，負犀革，銅盾，而跣，走險如飛，每百人置羅苴子統一人。望苴蠻者，在瀾滄江西，男女勇捷，不鞍而騎，善用矛劍，短甲蔽胸腹，鞮鍪皆插貓牛尾，馳突如神。凡出兵，以望苴蠻為先驅，以清平官子弟為羽儀，王左右有羽儀長八人，清平官見王，不得佩劍，惟羽儀長佩之。其為親信，有六曹（兵曹戶曹客曹刑曹工曹會曹）長曹長有功補大「軍將，」大軍將十二，與清平官等列，日議事王所，出治軍壁，稱節度，次補清平官。節度使六，曰弄棟永昌劍川拓東麗水東川。都督二，曰會川通海。此南詔軍制，所謂規模唐人者也。蠻書又謂南詔俗務農田菜圃，戰鬥不分文武，無雜色役，每有徵發，但下文書與鄗邑理人處，剋往來日月而已。又曰其兵仗人各自齎，更無官給。百家以上，有總佐一；千人以上，有理人官一；人約萬家以來，即制都督，遞相管轄。是則南詔社會，殆以農鄗為其經濟之基礎，而徵兵於均田制。普徧實施（南詔人民得受田與北周同）之農民，戰則全國皆兵，實無異於唐之府兵也。

大理兵制，沿襲前代，無大變革。

元人郭松年大理府行記曰：其宮室樓觀，言語書數，以及冠婚喪祭之禮，干戈戰鬥之法，雖不能盡善盡美，其規模服色，動作云為，略本於漢。自今觀之，猶有故國之遺風焉。檀默齋亦以有國不聞軍旅，其君主多賢，每以避位傳賢為郅治之世。則元初所謂寸白軍者，組織當與蠻書無異。

此等鄉兵，元人用之，弱者資爲屯墾

元史兵志卷一百雲南行省所管軍民屯田十一處，其駢列南畝，躬耕之爨僰軍衆，凡三千餘戶。蠻司志土司著姓，自蒙段七姓外，雜以屯墾之官吏，皆招撫番夷，以爲莊戶，長食其土。所謂番夷莊戶，卽爨僰軍戶耳。蒙古及色目人對之，殆與塞上葺葺之牛羊等，烏知蒙段數百年，金戈鐵馬，光被天壤之雄圖，竟操於此等人之手耶。

强者利其淩厲慓悍之習，以制服西南諸蠻，故緬甸八百媳婦安南亦奚不薛建都等役，及平南宋，勘定之功，寸白軍常參加焉。

蓋西南地勢險阨，人民强悍，可資以攻取南宋，郭寶玉已言於太祖，故癸丑討伐大理後寸白軍之用，遂益形其重要。元史信苴日傳段興智委國於其弟信苴日，自與信苴福，率一爨僰軍一二萬爲前鋒，導大將兀良合台討平諸部之未附者，攻降交趾入朝，興智在道卒。此寸白軍之見用於雲南安南者也。兀良合台傳旣平安南，囘軍押赤城，憲宗遣使諭旨，約己未年（西元一二五九年）正月，會軍長沙，乃率四王騎兵三千，蠻僰萬人，破橫山寨（今廣西南甯縣西境）敗宋兵六萬，盡殺之，乘勝擊逐，蹴貴州，蹂象州，入靜江府（今廣西桂林縣境）。連破辰沅二州，直抵潭州城（今長沙府境）下，潭州出兵二十萬，斷其歸路，兀良合台等夾擊之，大小十三戰，復殺宋兵四十餘萬，追至門濠，掩溺殆盡。而與駐守鄂州之世祖兵合。至元十一年伐宋，阿朮所部有察罕章阿吉老者等部。此寸白軍見用於湖廣者也。至元中，屢討伐緬甸，著者如至元十四年，信苴日等以爨僰軍七百，大敗緬軍五六萬人於河干，捕虜甚衆。同年納速剌丁率蒙古及爨僰摩些軍三千餘人征緬，至江頭城。至元十六年，再以軍抵金齒蒲驃曲蠟緬國，招安夷寨三百，籍戶十二萬二百。愛魯爲中慶路達魯花赤，兼管爨僰軍，從鎮南王征交趾，以寸白軍六千，大破其兵四萬於木兀門。此寸白軍之見用緬越者也。至亦奚不薛，地屬八番，接近滇東，自也速答兒以下，如塔海帖木兒速哥等，皆屢以滇之土司軍，蒙古及色目兵，定其部落。此又寸白軍之殺賊疆埸，見用於貴州者也。

大抵元中葉後，滇之形勢，逐漸複雜。特殊階級之紛爭，輒以寸白軍爲其利器。大德中，八百媳婦之役，寸白軍亦列行伍，迹其致敗之由，蓋此時之蒙古軍探馬赤軍，皆已漢化而爲居民，驕奢淫佚，非復游牧部落之精銳，故運械轉餉，天下騷然。水西之亂，東川芒部及武定威楚普安諸蠻兵，均以供輸煩勞爲辭，乘釁起兵，攻掠州縣，元不能用，反爲所害。武宗時，大理臨安普定諸路之官兵，且連結蠻寇，殺掠良民，則此時之寸白軍，其腐敗殆與官軍無異矣。至順初，諸王禿堅之亂，烏撒烏蒙羅羅斯諸蠻應之。竭中原之財力兵力，僅乃克復。然則同一爨僰之軍也，善用之則安內攘外，儼若雷霆萬鈞之力而不可侮。反是則困擾閭閻，生於其時之民，徒歎水深火熱，長夜漫漫，而未有已也。滇之兵，自兩漢迄隋唐千餘年，皆以爨僰之鄉兵為主幹。至元則名目紛乘，爨僰莊戶，散諸南畝，有如農奴，舊日之組織，亦稍廢弛，而諸土司王侯，廣土衆民，家丁蒼頭，可執干戈以資捍衛，一如漢魏以來之大姓部曲。

迄明。操南中得失盛衰之柄者，仍不出於土司之寸白軍，其善戰之聲譽，嘗為歷代所稱道焉。

按滇軍善戰，歷代皆然。元以前無論矣，元季也速答兒孫答失八都魯，以雲南大理宣慰司都元帥，於至正十一年除四川省參知政事，撥本部探馬赤軍三千，討賊荊襄，十二年，破賊十萬於荊門，於是賊閉門不敢出。詳元史列傳一四二卷。又本紀順帝至正十三年八月，以咬住為淮西元帥，供給烏撒軍，進討蘄黃。明代於緬甸麓川交趾諸國之討伐，賴滇軍以成功者，亦嘗什之三四。明史崇禎晚年，流寇作亂，龍在田石屏土司也，以土兵九千入楚豫，賊以是不敢窺江北。後滇軍歸，其亂始熾。清咸豐中，東南用兵，徵調空虛，杜文秀因之倡亂。良以滇地遼闊，風俗慓悍，其人短小精悍，勇於作戰，而忍苦耐勞，履險若飛，當其衝鋒陷陣，如迅雷烈風之至。雖久經戰陣之士，當之鮮有不披靡者。

近世如中法戰爭、護國、靖國諸役，其最著者也。明天啓莊祖誥之兵食志曰：雲南從來用兵，皆「土司兵。」是知寸白軍者，二千年來之滇軍，固不僅有元一代爲然也。元馬可波羅游雲南，極稱土著戰術，謂其人善騎射，縱橫馳騁，有如中古法蘭克人，與唐書所載瀾滄江西，不鞍而騎之望苴蠻同。南詔以騎兵勝，寸白軍殆亦以騎兵稱耶。元史兵志謂「寸白軍」不出戍他方者，亦大較言之耳。

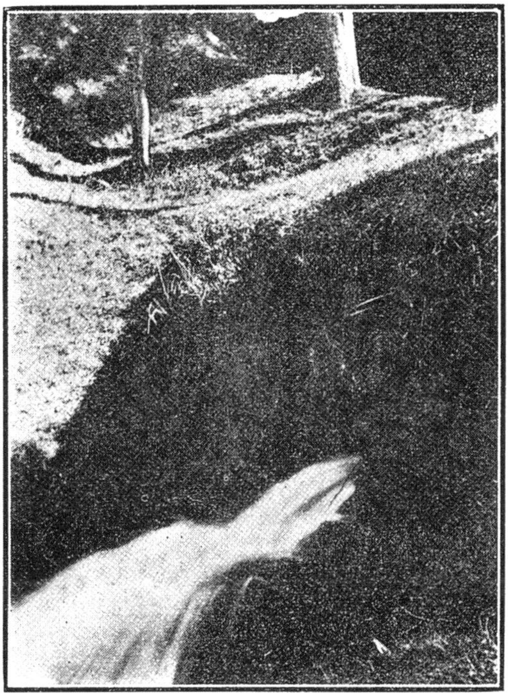

賽典赤修六河以開昆明水利其金汁河自省會東北之松華壩分注盤龍江後兩岸堤壩高聳設閘啓閉蜿蜒數十里爲利尤普此其景也觀沿堤蒼鬱之松柏肅然景慕焉

九　段氏之十一總管

滇自西元前三世紀莊蹻開滇，留楚苗裔於南中者百餘年。漢武帝元封中，（西紀前一〇八年）以兵臨滇，滇王舉國降，於是漢族所建之國，如滇夜郎勞深靡莫等，相繼款附。兩漢魏晉以還，皆以守令治其土，酋長世其官，政治之柄，仍爲漢族之大姓所操者，又八百餘年。唐天寶後，南詔蒙氏，以烏蠻崛起滇西，爲中國邊患者百餘年，然其制度文物，皆規模唐代，是亦漢化之一王國也。五代兩宋間，鄭趙楊段高等氏，又以大姓，相繼操南中政柄者三百餘年，迄十三世紀，始爲元世祖所得，而所謂段氏者，降爲總管，與元中分雲南之政治勢力者百年，及有明勃興，始爲沐英等所滅，其國祚之長，此中國史上所罕見者也，焉可不志之。明升菴楊愼嬰罪南滇，得僰人所撰之白古通玄峯年志，迻滇載記以纂蒙段事蹟，因節錄其十一總管焉。

元既滅段氏而有其地，得五城八府，蠻郡三十有七。設大理都元帥府，仍錄段氏子孫，世守其土，赦興智封爲「摩訶羅嵯，」管領八方。興智死，元季亂，中原多故，段氏復據之，於是有十一總管出焉。

一代總管曰信苴段實，元中統二年入覲，世祖嘉之，賜璽書，令總管大理善闡會川建昌永昌騰越諸郡，以功累授行省參政，以攻石城（今曲靖）及仁德府（今尋甸）功，賜虎符爲總管。

二代總管信苴段忠，至元中，隨元帥伐西林，破會川通善闡，平休林武定，緬甸之役，皆有功，授金齒宣慰，兼掌軍民萬戶府。

三代總管信苴段慶，元封爲宣武將軍，妻以公主，入朝歸，授雲南省參政。

四代總管信苴段正。

五代總管信苴段隆。

六代總管信苴段俊。

七代總管信苴段義。

八代總管信苴段光，時大德中，中原板蕩，梁王以元宗室鎮善闡，與段氏分域構隙。至大二年，梁王大破光兵，光將高蓬守羅那關，梁王密招之，不從，乃賂庖人刺蓬，以其首獻梁王，王幷庖人戮之。

九代總管段功，初襲爵爲蒙化知府。至正十二年，繼立爲總管。癸卯，明玉珍自楚入蜀，據之，分兵四掠，號曰紅巾。明玉珍自將紅巾三萬攻雲南。梁王及憲司官，皆奔威楚，諸部悉亂。功謀於員外楊淵海，淵海卜之吉，乃進兵至呂閣，敗紅巾於關灘江，殺獲千計。紅巾收合餘衂，再戰復勝，殺段氏驍酋鐵萬戶。紅巾屯古田寺，段氏夕潛火其寺，紅巾軍亂，死者什七八。又追至回磴關，（在廣通縣西十五里）大敗之，紅巾大呼之曰：「待明年來復仇。」時功在戰間，得玉珍母寄其子書云：爾征南務得之，不得輕還，軍少粮乏，我當添補。楊淵海效其書跡易之曰：中國兵來急，爾宜早歸，遂募能入紅軍營者，有小卒陳惠願行，玉珍得書，恐國中有變，又新失利，遂急收軍，功追之至七星關，又勝之而還。紅軍既退，梁王深得段功，以女阿襤妻之。為之奏授雲南省平章。功自是威望大著於西南，梁王曲意奉之，功戀戀不肯歸國，其大理夫人高氏寄樂府，促之歸。其詞曰：『風捲殘雲，九霄冉冉逐，龍池無偶，水雲一片綠。寂寞倚屏帷，春雨紛紛促。蜀錦半牀閒，鴛鴦獨自宿。好語我將軍，只恐樂極生悲冤鬼哭。』功得書乃歸。既而復往，其臣楊智張希喬留之不聽。既至善闡，梁人私語梁王曰：段平章復來，有呑金馬嚥碧鷄之心矣，盍早圖之。梁王始致疑於平章，密召阿襤主命之曰：親莫若父母，寶莫若社稷。功今志不滅，我不已，脫無彼，猶有他平章，不失富貴也。今付汝以孔雀膽一具，乘便可毒殪之。主潸然不敢受命。夜寂人定，私語平章曰：我父忌「阿奴」願與阿奴西歸，因出毒具示之。平章曰：我有功爾家，我趾自蹶傷，爾父尚嘗為我裹之，爾何造言至此。三諫之終不聽。明日，邀功東寺演梵，至通濟橋馬逸，因令番將格殺之。阿襤主聞變，失聲哭曰：昨暝燭下，纔講與阿奴，雲南施宗施秀煙花殞身，今日果然！阿奴雖死，奴不負信黃泉也。欲自盡，梁王防衞者乃萬方。

主愁憤作詩曰：「吾家住在鴈門深，一片閒雲到滇海；心懸明月照青天，青天不語今三載。欲隨明月到蒼山，誤我一生踏裏彩（錦被名也）吐嚕吐嚕（可憐可憐也）段阿奴，施宗施秀同奴歹（歹不好也）雲片波潾不見人，押不蘆花顏色改（押不蘆乃北方草名，有起死回生之功）。肉屏獨坐細思量，（肉屏駱駝背也）西山鐵立霜瀟灑（鐵立松林也）」平章從官員外楊淵海，亦題詩粉壁，飲藥而卒。詩曰「半紙功名百戰身，不堪今日總紅塵，死生自古皆由命，禍福於今豈怨人。蝴蝶夢殘滇海月，杜鵑啼破點蒼春，哀憐永訣雲南土，絮酒休教洒淚頻。」梁王哀淵海之才，綣意欲為己用，見詩痛悼之，乃厚恤之，令隨平章櫬歸葬大理。

十代總管信苴段寶，功之子，洪武元年嗣職。梁王遣矢刺平章七攻大理不克，乃講和，奏陞寶為雲南左丞。未幾，明玉珍復侵善闡，梁王遣叔鐵木的罕借兵大理，時寶已長，答書云「殺虎子而還喂其虎母，分狙栗而而自詐其狙公，假途滅虢，獻璧吞虞。金印玉書，乃為鈎魚之香餌，繡閨淑女，自設掩雉之網羅。況平章既亡，弟兄罄絕，今止遺一嫠一奴，奴再贅華黎氏，嫠又可配阿襤妃，如此事諸，我必借大兵。如其不諸，待金馬山換作點蒼山，昆明池改作西洱河，時來矣。」書後附以詩云：烽火狼煙信不符，驪山舉戲是支吾，平章枉喪紅羅帳，員外虛題粉壁圖，鳳別岐山祥兆隱，麟遊郊藪瑞光無，自從界限鴻溝後，成敗興褒不屬吾。梁王見之，恨寶入骨。平章女僧奴，志恆不忘復仇，將適建昌阿黎氏，出手刺繡文旗以與寶曰：「我自束髮，聞母稱父冤，恨非男子不能報，此旗所以識也。今歸夫家，收合東兵，飛檄西洱，汝急應兵會善闡。」又作詩二章曰：「珊瑚勾我出香閨，滿目潸然淚濕衣。冰鑑銀台前長大，金枝玉葉下芳菲。烏飛兔走頻來往，桂馥梅馨不暫移。惆悵同胞未忍別，應知含恨點蒼低。何彼穠穠花自紅，歸車獨別洱江東。鴻臺燕苑難經日，風刺霜刀易塞胸。雲舊山高連水遠，月新春疊與秋重，淚珠恰似通宵雨，千里關河幾處逢。」後寶聞明高皇帝開基金陵，遣其叔段眞自會川入京，奉表歸款，而朝廷亦以書報之。（見御製文集）時有妖巫女謌曰：莫道君爲山海主，山海笑諧諧，園中花謝千萬朵，別有明主來。寶數日疾卒，子明嗣。

十一代總管信苴段明，洪武十四年，授以宣慰。壬戌春正月天兵破善闡，梁王自鴆，黨屬悉俘。明遣使張元亨馳書穎川侯傅友德，西平侯沐英麾下曰：大理乃唐交綏之外國，善闡實宋斧畫之餘邦，難列營屯，徒勞兵甲，請依唐宋故事，寬我蒙段，奉正朔，佩華篆，比年一小貢，三年一大貢。友德怒，拷辱其使。明再上書曰：漢武習戰，僅置益州，元祖親征，祇緣善闡，乞冀班師。友德答明書曰：我國大明，龍飛淮甸，混一區宇，陋漢唐之小智，卑宋元之淺圖，天兵所至，神龍助陣，天地應符，汝段氏接武蒙氏，運已絕於元世，寬命延息，以至於今。我師已殲梁王，報汝世仇，不降何待。三月傅沐二將，分兵緣點蒼繞出下關之背，先樹旗幟。遲明，段兵驚潰，大軍策馬亂流而濟，明遂就擒，幷其二子仁義至金陵。太祖聖諭曰：爾父寶曾有降表，朕不忍廢。賜長子名歸仁，授武昌衞鎮撫，次子名歸義，授雁門衞鎮撫，大理悉定。是夏六月，普顏篤復叛，據佛光寨，（在鄧州東北）先不華叛，據鄧州。甲子正月十七日，穎川侯傅友德復自七星關回軍大理，平鄧川，破佛光寨，因定賦法，築城隍，設衞堡，立學校，比於中州列郡焉。

附段氏總管世系圖

除天定賢王段興智受封總管七年外，起段信苴日（即段實）訖段世，共十二世，由中統二年（一二六一年）至洪武十五年（一三八二年）共一百二十二年。

段實 一二六一—一二八二年——段忠 同上一二八三年——段慶 一二八四—一三〇六年——段正 一三〇七—一三一六年——段隆
一三一七—一三三〇年——段俊 同上一三三一年——段義 同上一三三二年——段光 一三三三—一三三四年——段功 一三四四—一三六六年
段寶 一三六六—一三八一年——段明 同上一三八一年——段世 同上一三八二年

王褘吳雲爲梁王所殺之葬骨地

省西太和宮

十　元代滇宗教之盛

元以鐵騎，蹂躪歐亞諸國，兵威所及，因其固有之風俗以爲治，故其宗教生活，兼容並包，無所不有。其於滇省，徵以馬可波羅游記拜偶教徒，薩拉森人，及聶斯托爾派教徒，同集於滇之說，可藉窺其涯略。

陳垣引馬氏游記曰：雲南省幅員甚廣，其民奉偶像教，自河次向西行五日至一城名雅赤。原註謂卽大理，說與鳥居龍藏氏異，按雅赤卽押赤城臨滇池，爲哈剌章首都，兀良合台傳言之甚詳，後說謂卽今雲南府，較爲近是。雅赤大市也，居民合回回基督偶像教徒而有之。

大抵元代滇之宗教，實集有史以來極盛之大觀，而傳播普遍者，首推佛教蓋滇近緬甸，聞法先於中原者約三百餘年。

按緬甸距滇僅一千六七百里，其佛教成立，淵源頗遠。當阿育王（西紀前二七五至二二六年）於秦始皇時，分遣高僧，宣教外國，其中有金地國卽今之緬甸，以須那迦與鬱多羅二人，實爲開教之宗。而滇緬自古相通，二世紀初，撣國王曾由北緬甸遣使經哀牢夷入朝中國。據鷄足山志引白古通云：阿育王時勅長者明智護目李求善張敬成等來叛迦葉等庵，卽爲鷄山名勝之始。

莊蹻信佛，實開白國之先。金馬碧鷄，至勞漢使之祭。

古滇說阿育王三子俱欲得父神驥，王縱之，三子齊追至滇得之，因名其山曰金馬，而以碧鳳所集之西山曰碧鷄。及死皆爲神。漢書宣帝時，方士盛言益州有金馬碧鷄之神，可祀禱而至。五鳳三年（西紀前五五年）遣諫議大夫王褒求之路不通，可就蜀醮祭而去。古滇說並稱莊蹻兵與三子及諸夷雜處，蹻爲滇王，晚年崇佛，遷居白崖鶴拓浪穹（今祥雲大理鶴慶等屬）來推其後仁果爲滇王，改姓張，是爲白國之祖。

蒙段興，紹承白國之緒，大興佛教。其國君主臣民，多棄國棄家爲僧，不樂世榮，元初其俗更大行於民間。

元郭松年大理府行記，此邦之人，西去天竺爲近，其俗多尚「浮屠」法，家無貧富皆有佛堂。人無老壯，手不釋數珠。一歲之間，齋戒幾半，絕不茹葷飲酒，至齋畢乃已。沿山寺宇極多，不可殫紀，中峯之下有廟焉，是爲點蒼山神，亦號中嶽。中峯之北有崇聖寺，中有三塔，一大二小。大者高三百餘尺，凡一十六級，樣製精巧，卽唐遣大匠恭韜徽義所造。吳梅邨詩曰：洱海與蒼山佛教之齊魯，誠可執。

論當日南中佛化之盛況矣。

加以世祖提倡，玄風益煽。

元翰林學士劉陽歐陽元之姚州妙光寺記曰：雲南之事佛，俗有所從受也。然而佛之於雲南有足助時君之化，其來非一日也。彼其沈毅悍鷙之性，一旦歸於清淨慈儉之宗。此蓋威武之所不能屈，敎化之所未易漸。而淨名之徒，深居寡言，衣壞食淡，合掌趺坐，而擾之若不勞其餘焉，亦豈小補之哉。世祖皇帝自征氐羌歸，乃表異釋氏，隆其師資，至於宮室服御，侷於乘輿，蓋有以察其風俗之宜，因以爲制遠之術焉。善哉宋元滇釋大興之故，觀此論則人主之提倡，亦有力矣。

觀大理崇聖寺聖旨碑，其義至明。

近馮承鈞先生輯元代白話碑五十頁載崇聖寺聖旨碑云。長生天氣力裏大福蔭護助裏皇帝。聖旨。軍官每根底。軍人每根底。管城子達魯花赤官人每根底。來往使臣每根底。宣諭的聖旨。成吉思皇帝、月古歹皇帝、薛禪皇帝、完澤篤皇帝、曲律皇帝聖旨裏。和尚也里可溫先生，不揀甚麼差發休著者。告天祝壽者道來。哈剌章有的大理崇聖寺裏。有的釋覺性主通和尚根底。執把的聖旨與了也。這的每的寺院旁舍使臣休安下者。鋪馬祗應休與者。稅粮休與者。但屬寺家的產業園林碾磨店鋪人口頭疋，不揀甚麼，休奪要者。更這和尚每擬着有聖旨麼道。無體例的勾當休做者。若做呵。不怕那甚麼。聖旨豬兒年閏七月。上都時分寫來。其大意申述元歷代君主，保護宗敎，於僧景道回等，蠲免一切差發，惟事告天祝壽。今特曉諭雲南省大理崇聖寺住持僧覺性主通，所有寺院房舍，使臣不得投住，鋪馬勿庸供應，所有寺內諸物，無論何人，不得強奪，而該僧等，亦不得恃有聖旨，非理妄行，若違卽照懲不貸，欽此。之類。

滇釋紀所載元釋，較前代爲多。

圓鼎和尚滇釋紀載，唐釋四十三人，宋釋十三人，元釋二十四人，明釋九十五人，清釋三十四人。依年代統計，唐代約七年一人，宋二十五年一人，元四年一人，明三年一人，清八年一人，則元之滇釋，僅次於明而已。其間名僧輩出，超軼唐宋，如洪鏡雄辯法師（西紀一二二四至九七年）爲國師楊子雲弟子，世祖破大理之明年，始至中國，留二十五年，更事四師，皆當世大德。後登班集之堂，嗣壇主之法，其學大備，及歸解僰人之言，爲書其書，傳習益衆。梁王尊爲國師。玄堅雪菴宗主（西紀一二五四至一三一九年）受宗教禪師衣鉢，於大德中，復繼雄師法席。至元中，雲南平章蒙古督魯彌實創大德寺，奏聞於朝，延爲寺主。延祐己未書偈畢，跏趺而逝，豎塔筇竹寺。

教理之宣傳，亦以斯時爲盛。

李厚菴先生曰：釋迦之教，演大乘者五宗，以禪宗爲最；禪宗復析爲二，南宗爲盛；南宗又析爲五臨濟最盛；臨濟初祖十八傳至明本元至正中（西紀一三四一至一三六七年）住天目山，世所稱爲中峯和尚者，滇僧照本圓護普通玄鑒無照俱往受敎，歸敎迤東西，是爲臨濟宗入滇最初時代，然則滇之釋敎得眞確認識，與中原爲對峙之成長者，當以元爲播根蒔種之期。前此雖居中夏印度間，輸入其思想及儀式，但以文化淺薄，末學膚受，固不能如有元一代之深切著明也。照本大理人，中峯之第一弟子也。於滇僧稱能負荷。圓護心體靈明，湛寂不動，善書法，與趙孟頫同一筆力，爲世所珍。普通參中峯問三乘十二分敎，結菴鷄足，恍然開悟。無照玄鑒曲靖人，長依虎丘寺雲岩淨公剃度，善講經，名著諸方。出游荆楚，徧參知識，兩宗之門，無不蒙印。後叩中峯本祖，機緣契合，爲第一座主，乃嗣法爲臨濟二十世孫。後還滇，於曲靖建正法寺，尋入會城，梁王欽崇殊甚，爲創佛嚴寺居之，當道諸權宰官以及遐邇四衆，無不皈從，盛行化導，弟子數百，得心者五人，遂示寂，世壽三十七春。（西元一三二八至一三六四年）闍維日，梁王親至其所，獲舍利累累於靈骨，門人建塔於太華寺左。中峯爲文祭之，有「名言與實相，互融交涉而無虧。出入兩宗大匠之門兮，孰不歎美而稱奇。」之句。他如蓮峯宗照禪師，亦叩中峯，了達宗源，回滇後，於晉寧建盤龍寺，至正二十一年，（西元一三一六至一三六一年）書偈，趺坐而逝，身體溫柔，七日如生，門人塔全身於本寺。至今每年八月四衆咸往禮敬，香供如山，林轡若市。大抵其時名僧輩出，敎義闡揚，而叢林古剎，遍於三迤，其崇拜釋迦，舉國若狂之致，可想見焉。以信徒言，總管段氏，實護法巨擘。

元代白話碑緒言「摩訶羅闍，」此言大王，印度南海諸王之尊號也。元史信苴日傳大理國王段興智入覲，憲宗賜名「摩訶羅嵯，」即其一例。考泰定二年，大理軍民總管段信苴隆所建大理崇聖寺碑，同一梵名。碑云武定公（即段興智）挫舍利畏三十萬嘯聚之師於滇海之上，破釋多羅千餘寇抄之衆於洱水之濱。其人既以「舍利」「多羅」爲名，且舍利畏能使三十七部數十萬人，惑於妖術，此與黃巾白蓮無異，足徵當日雲南土著之梵化，不僅大理王號「摩訶羅嵯」也。以崇祀佛敎所建之寺廟塔幢言，元代遺物，今日存者，有華亭寺及妙湛寺之石塔，萬慶寺之白塔，大德寺之雙塔及圓通寺之遺像。

華亭寺前有二石塔，一爲泰定元年，一爲二年刻，均作四佛像，幷梵文尊勝陀羅尼經呪。塔身高二尺餘，圓錐形，與白塔同，又以漢文紀其事。蓋元人杜昇等爲父母祈福所作也。妙湛寺石塔，磚上印塔像，下印梵文，詳見滇繹。萬慶寺白塔，係磚築，高丈餘，建於會城南關外東嶽廟前。塔下有臺高亦丈餘。臺有洞門，可以通行。其塔之形式彫刻，均與前同，惟表面塗以白堊。光復後警察當道，以障礙交通，並摧毀之，殊可惜也。大德寺在今省垣城內祖遍山顛，農業學校之所在也。寺有雙塔，高六丈餘，方形磚造，凡十三層，不能登臨。每層四方，中央有小龕，刻佛坐像一尊，四角造小塔各一。兩塔並峙，氣象雄偉。圓通寺當省城北門內，延祐六年，重興其寺，殿宇堂皇，佛像巍峨，今闢爲公園，亦巨觀也。

次爲地藏寺石塔，及穿心鼓樓。

石塔在今南關外古幢公園，元爲善闡故城東，凡七級，高約二丈五尺。全體石造。其形下部寬大，漸上爲八角錐形。下鐫四天王踏鬼奴象手持斧鉞，披甲戴胄。上部各層，刻釋尊說法圖，及聲聞菩薩羅漢諸佛像，配置宮殿樓閣寺宇，最下一層，刻四角地神，蹲伏塔邊。刀痕遒勁，備極精巧。塔上色料，今已剝落，四天王像左右空處，鐫藏文經典四幀，日人高楠文學博士，謂爲中國絕無而僅有之傑作。而鳥居龍藏博士則以塔爲元代遺物，以元朝一度征服西藏，異常尊重喇嘛教也。（文見西南支那）然考此塔之寶幢銘文，稱塔爲大理國袁豆光所造，慈濟大師段進全記文，則此寶幢實宋代遺物，要可藉明宋元滇釋大興而已。穿心鼓樓聳峙於薛爾望街頭，爲磚築之方形堡壘，高丈餘，長寬倍之堡間洞門相交作十字形，建築精巧罕覯，以其旁無階梯，知其初高峙臺上者，必仍如萬慶寺元人所造之塔也。蓋元人有所謂過街塔者，嘗於街中建立，以便行人崇仰。而其地適當善闡城中，昔日繁榮，猶可於斷磚殘瓦敗市頹垣中彷彿認之。此外如省垣南數十里之官渡，有螺峯塔者，築於街中，當亦過街塔之類也。

蓋元尊奉國師，敬重番僧。滇以佛國更易風行。省垣梵宇林立，至以「佛護里」稱，三十七部之名，亦多出於佛典，則其時雲南梵化，可想見矣。

按省垣城內西北翠湖畔，昔有圓通九龍玉龍地藏等寺，不可勝計，意必元人所建。往歲張公蓴鷗就螺峯山鼎建，鑿池得陶甕數四，啓視皆屬僧臘，知其地昔亦伽藍所在。民國十五年，陳古逸先生於貢院側修治淨園，開池並得洪武僧塔殘石，存者九行，行十五字，剝蝕過半，大致爲一高僧塔銘。僧與全室泐公蒲菴復公游，則爲元明間人無疑。又石稱買地城西北「佛護里，」則當時里人信佛者之多可知。滇南釋教論曰：三十七部有彌勒（今爲縣）維摩（今屬瀘西，成宗四年置州。）羅伽（野史羅伽即步雄今澂江）其名皆出佛典，則元以前滇之梵化，更可見矣。

其與佛教同源而異流者爲喇嘛教，亦並盛於元之雲南省。

王治心先生之中國宗敎思想史大綱曰：「喇嘛敎本唐太宗時從中土輸入之佛敎，與西藏原來之巴思敎融和，漸成爲帶有密敎色彩之喇嘛敎。李思純則謂其敎，兼採有聶思脫里派之敎義，自元世祖崇八思巴爲國師，「喇嘛敎」遂自西藏流入，成爲元之國敎。由今本省省垣地藏寺寶幢及太華石塔所刊藏經證之，則元之中慶路，已有喇嘛敎。其勢旣及滇東，接壤藏地之滇西，必爲此敎之中心。證以本省通志及余慶遠維西見聞錄而知之。通志中維鶴慶諸屬，喇嘛寺廟爲多。麗江有文峯院指雲寺福國寺，中甸有白鷄廟承恩寺大寶寺歸化寺等，住持僧一千二百餘人，歲給口糧青稞供品銀兩油氈布疋鹽鐵各項，中以黃敎爲盛。維西見聞錄曰：「喇嘛敎以維西中甸爲多，分紅黃二敎，紅敎相傳十有三種，維西惟格馬一種。衣罽褐，披袈裟，常年不去，亦不衣袴。夏戴平頂竹笠，跣足，冬戴平頂猩紅毡帽，四瓣向上，圍於四方。著襪及衣履者多，衣冠皆紅，故謂之紅敎。初紅敎甚強，黃敎爲其所抑。」以現今中維一帶，活佛喇嘛身分之尊嚴，寺廟建築之宏麗，寺產積蓄之富厚，以及喇嘛僧可理地方訴訟，建議各項要政之特權觀之，則謂鶴麗中維爲元代喇嘛敎之政治中樞可也。不寧惟是，考雲南省會城郭志稱係明洪武十五年建。舊歲折南城，得古塼二（今存昆明博物館中）上刊印藏文數列，並十三層佛塔一像，則雖明初喇嘛敎尤盛於滇東也。

滇之道敎，至宋而著，迄元則戒行精嚴，頗誦經律。

中國道敎大盛於唐，滇風氣晚開，至宋而著。開科取士，每以僧道讀儒書者充之，仿唐制試士以道書也。元郭松年大理府行記，點蒼中峯之南，有玉局寺，又西南有蕩山寺，皆有得道者居之；得道者，非師僧之比也。師僧有妻子，然往往讀儒書，段氏而上，有國家者，設科選士，皆出此輩，今則不爾，其得道者，戒行精嚴，日中一食，所誦讀經律，一如中國，所居洒掃清潔，雲烟靜境，花木禪房，水虢虢循堂廚，至其處者，使人名利之心俱盡，此大理之大觀也。良以滇雖邊徼，密邇西蜀，地為張陵得道之所，而鳴鵠青城，素稱聖地。鬼道妖術，民夷便樂，玄風所播，西南諸部，有不覺而移易其俗者。滇繫載文昌帝君梓潼煙霞洞記，稱洞屬越嶲，則文昌固滇人也。又曰壽胚胎洞在武定北，接羅次廣通界，故金華洞也，二十八宿眞像藏於此，感夢於唐明皇，發洞而得之，獨闕氐宿，蓋即明皇也。（見所引太平廣記）又仙人安公治地，志云在姚州城北金沙江，即古西梁州瀘水上。（見所引雲笈七籤天地宮府圖）是知洞天福地，古滇亦居其一，由來非一日矣。

徵以明初道徒史籍，元代滇之道敎，固亦極有勢力者也。

考明洪武中，如劉淵然張三丰等，均以道術著稱，退隱於滇。淵然封長春眞人，畀銀章，領天下道敎事，奉詔至闕，屢著靈異。及入滇，棲龍泉觀（今省垣黑龍潭公園）請設雲南大理金齒三道紀眞慶觀，以植其教。（見商輅撰龍泉觀長春眞人祠記）三丰或言金朝人，與劉秉忠同學，游滇最久。明太祖即位，屢遣使覓之竟不可得。（見明史本傳）是則滇之道教，雖至明初，猶未衰也。且南詔野史嘗載僧道靈蹟，元史亦以滇之僧道並列，省垣城磚除所述藏文之磚外，並雜以「符磚」，則此兩教者，當日必勢同魯衞，未見軒輕於其間也。

其次於釋道者爲景教，元稱「也里可溫。」

「景教」者，基督教之聶斯脫里(Nestorius)派，四世紀末，敍里亞人聶思脫里所創。重耶穌爲人之道，以耶穌之母瑪利僅產耶穌之體，不產其神，不當崇稱聖母。四三一年，以弗所之第三次宗教會議，爲亞力山大派（重耶穌爲神之道）所斥逐，禁其傳道，聶乃出奔波斯，踰四年竄死。四九八年，此派之徒，獨開會議於波斯，定名曰喀朵利架司，自是此派由波斯於七世紀時，傳入中華。唐太宗貞觀初，曾建寺長安，行教於中國北部。迄元征服中亞，其教復盛，稱「也里可溫」。馬可波羅游記稱，押赤附近，有聶斯脫里派教徒是也。

其入滇也，信徒頗多，有傳教之大師薛里吉思。其教徒得與釋道回徒，受同等之待遇。

陳垣元也里可溫考載。元史蠲除租稅下引證云。元貞元年閏四月欽奉聖旨，西番漢兒畏兀兒雲南田地裏，和尚也里可溫先生答失蠻，擬自元貞元年正月已前，應有已未納稅地土，盡行免除稅石。陳氏又引多桑洪鈞等書，證明元之「也里可溫」者，蒙古語作伊嚕勒昆，福分人也，有緣人也。大興國寺記薛迷思賢在中原西北十萬餘里，乃也里可溫行敎之地。敎以禮東方爲主，十字者取像人身四方上下，以是爲準。是「也里可溫」，卽天主敎矣。按馬可波羅游記謂薛里吉思爲敍里亞人，太祖皇帝，初得其地，太子有病，得其外祖舍里八馬里哈昔牙徒衆祈禱始愈，充御位舍里八赤，本處也里可溫答剌罕。至元五年，世祖皇帝召公馳驛進舍里八，賞賚甚侈。舍里八煎諸香果泉調密合而成，舍里八赤，職名也。公世精其法，特降金牌，以專職。九年同賽典赤平章往雲南，十二年往閩浙，皆爲造舍里八。十四年，欽命虎符懷遠大將軍，鎭江府總管府副達魯花赤。雖登顯榮，持敎尤謹，嘗有志於推廣敎法。夫薛里吉思，既於至元九年（西元一二七二年）來滇，則謂耶敎於是年傳入雲南可也。顧元貞聖旨滇之也里可溫，得與和尚先生，並免租稅，馬可波羅亦云：大理押赤諸城，皆有聶斯脫里敎徒，則其人數之衆，移殖之久可知。不然如薛氏個人之傳敎，而謂二十年後之元貞時，能使滇中耶敎得與西番畏兀兒同列，固絕無是理者也。然則「也里可溫敎」之傳布滇省，當以至元中爲一重大之時期矣。

次於景教者爲回教，凡有二派。

元之聖旨嘗稱「答失蠻，木速兒蠻，」皆回教徒也。今歐人稱回徒亦曰「答失蠻。」蓋唐之大食，西史所謂薩拉森者，中古時，嘗以回教建立大國於歐亞非三洲之間，答失蠻其一派也。邱長春西游記曰：聞諸波斯使臣「木速兒」義謂正教，蠻謂人類，阿剌比語也。答失蠻亦「木速兒蠻」教中別派，昔有教士伯克答失，創行是遂，教以人名名之，蠻義同前。今土耳其內，尚行此教。按西游記卷二十三又云：今土耳其爲素尼教；波斯所行，則阿里後人一派，曰十葉教。然則「十葉教」即木速蠻；「素尼教」即答失蠻也。

行於滇者曰素尼教，即答失蠻也。

戰後新世界四九頁。回教計有四派：曰聖尼派。曰息脫派。曰回教派。曰聖奴西派。其中聖尼派範圍極廣，凡阿拉伯北非洲土耳其及中央亞細亞土耳其斯坦俾路支南洋諸島與雲南本省，均屬此派之區域。息脫即十葉派，波斯等地屬之。後二派領域較小，而聖奴西派以非洲爲中心，分布於西亞，蓋新進有力之一派，欲連合全世界諸回部者也。西域教規，無論君臣上下人等，皆當崇奉本教，故回教入滇，當與其族同時移殖。拉史烏丁謂賽典赤布哈爾人，為別庵伯爾之後，其名乃波斯語譯言天使也。

約言之，有元一代，滇之宗教，以其歷史之遞嬗，及種族遷移，而呈分頭進展之趨勢，所謂釋道景回，殆舉其梗概言之耳。

按雲南當日除此四大宗教外，尚有苗與羅羅所奉之「巫教」，其俗重鬼巫，多禁忌，以祀鬼為重事。一年三次，一次數十百金，雖貧無力者，亦必賣產質衣為之。病不醫藥，延巫祈禱，釀酒割牲，約親鄰飲福，謂之「做鬼」。祭後插標於門，若不知而誤入其門，謂之「驚鬼」。每年五月逢子寅午日，專祭祖先，舉家避入山洞，名曰「躲鬼」。農事畢殺牛請巫，搖鈴跳神，名曰「做米鬼」。祭畢男女旋繞謳舞，名曰「跳鬼藏」。蓋苗與羅羅均重巫教，按以元明人紀載相沿迄今，尚未改易者也。羅羅之巫師曰「畢麼」，掌誦經典，昆明四鄉中之散民有「西波」者，經咒最多，其祈禱獻祭禳祓之類，多為白夷所宗，有雷神經二種，疑與祆教有關。麗江鶴慶諸屬，有「多寶教」與巫相近，其經典文字為象形字，讀法與麼些音調一律。掌教者曰「多寶」，嘗為人治病或驅降鬼魔。並有多寶文，為拚音及變化音節之文字，構造完密，以書經典。近美國羅克博士，專究其文字及誦經跳神之事，譯其經文數千卷，陸續發表於國際地理雜誌。當世學者，視爲瓌寶，轉相傳譯。顧羅克君之探討此文，雖積攷勤，而以英文字母拚合音節，差誤殊多。且觀察又偏重主觀見解，故其眞義，今尚未全明也。多寶教之來源，滇人嘗認爲喇嘛教之一支，據其「多寶」之有識者言，其教實爲印度最古之婆羅門教，自佛法昌明後，經西藏輾轉入滇，以保存於滇西北居住之藏人者也。可參考楊成志君所輯羅羅之巫師及其經典及王圖瑞君雲南西北邊地狀況紀略。

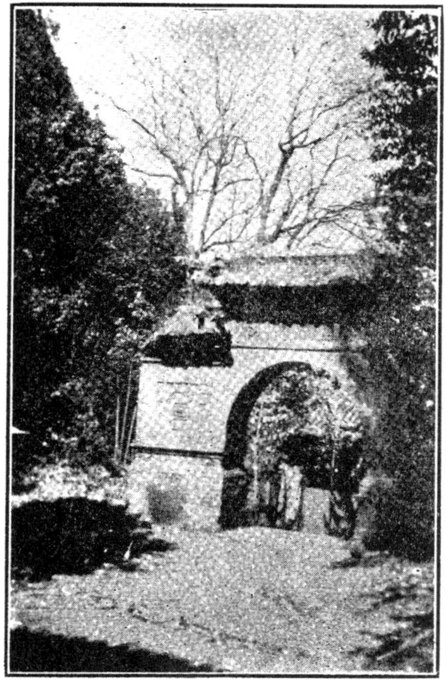

元蓮峯宗主坐化之盤龍寺

元過街塔遺跡

十一　元代滇事蠡測談

蠡測談之作，所以補上述諸編之不逮，而爲徵材之所遺也。章實齋先生曰：古人書欲成家，博覽所餘，欄入則不倫，棄之則可惜，故附稗野說部之流，而作叢談，猶經之別解，史之外傳，子之外篇也。以作者之謭陋，凡所稱引考究，已不當於大家之體例，則斯篇所取，殆亦野人獻曝，管窺蠡測之類而已。

馬可波羅所紀之雲南省城

當十三世紀，元人西征，拓土至歐洲時，引起世界之交通，爲近代文明開發之先驅者，卽馬可波羅也。馬可波羅（Marco Polo）者，意大利之威尼斯市（Venice）人，於一二七一年，隨波斯藩王旭烈兀使臣入北京，世祖見之，大喜，命優待之，居久之，能閑熟韃靼風俗，語言文字及戰術。至元十六年，（西紀一二七九年）奉使哈喇章雲南緬國，所紀滇事，近張星烺先生譯之，惜未得讀其書也。所載押赤金齒之風俗，永昌大戰，及薛里吉思之傳播耶教等，爲元代滇中最大掌故，吾由近代各家著作，間接稱引而研究之矣。後讀鳥居龍藏博士西南支那，引其一段，亦復可愛，因爲詮記。其言曰：押赤城內，市街宏敞，其地產多量之小麥，而編氓以謂不適食用，故以米爲唯一食料，或釀造酒醴，以資釀飲。酒色淸冽，風味殊佳。民間所行通貨以海中白貝充之。其貝八十枚當銀貨之一單位，約與威尼斯市之二谷羅朶又二十四璧果里（クロート）——（ヒユリ——）相當。而銀之重量須八銀僅抵一金。地有鹹泉湧出，可得多量食鹽，土著賴以資生，而國王亦藉爲莫大之稅收焉。又其地周百哩許，皆環以湖，風景淸幽，產魚類，形大而味美，種目繁夥。人民豢魚蚌及牛羊家畜，資其肉食。其食肉也，切爲細片，調入胡椒醬油香料以助味，輒生啖之，爲彼都人士所酷嗜。按滇中氣候土宜，並適種稻，所產小麥質粘膩，多食則傷胃，故不爲主要食料，迄今猶然。酒以米麥或高粱釀造，夷族嗜之若命，元明以來，漢人之盤剝者，窮鄉僻壤，皆置燒鍋，苗族酒食衣錦入不敷出，乃重利借貸，典質田地，迨衣食無着，則與漢人爲仇，荼毒徧地，蓋雲南之一亂源也。而馬可游記志之。滇中用貝，相沿已久，唐書地理志曰：蠻俗以繒帛及貝市易，貝大者若指，以十六爲一覓。蠻書：本土不用錢，凡交易繒帛氈罽金銀瑟瑟牛羊之屬，以繒帛「冪」數計之，云某物值若干「冪」，其所謂「冪」當卽唐書之一「覓」耶。元史本紀：雲南稅用金，以貝子折納，每金一錢，值貝子二十索。至元十二年，賽典赤上言：雲南貿易與中州不同，鈔法實所未諳，莫若以「交會䝙子」公私通行，庶爲民便，並從之。明初平顯詩「顆金螺貝」，則貝當時猶暢行。迄明嘉靖三十四年，以本省鹽課鑄錢，而相沿成習，不能用也。故終明之世，滇尙用貝。清初孫可望入滇，鑄大順錢，與銀並用，禁民用貝，違則刖劓之，卒未能行。後吳三桂鑄利用錢，其孫世璠又鑄洪化錢，於是貝始散爲婦女巾領之用矣。滇之鹽自昔著名，新唐書其鹽出處甚多，煎熬則少。安寧城中皆石鹽，井深十餘尺，外四井，則勸百姓自熬，通海以東諸爨蠻皆食之。元史本紀英宗時，設大理路白鹽榷稅官，以資軍需。則馬可波羅謂滇省鹽爲國家重大之收入，爲不虛矣。牧畜之風，滇省素稱發達，史記西南夷傳自同師（今永昌境）以東，北至楪榆（今大理等屬）名嶲昆明，編髮隨畜，遷徙無常處，此特就其大較言。其實以地廣人稀，生活容易，而交通梗阻，農產種植，不易獲利之結果。由戰國以迄清初二千年間，滇之農田，實與牧畜並重。（見滇海虞衡志）故馬可波羅稱元初昆明產業情形，亦略相同。肉食生噉之風，新唐書卽載之，其言曰膾魚寸，以胡瓜椒檖和之，號「鵝闕。」蠻書每飮酒取生鵝法如膾法，方寸切之，和生胡瓜及椒檖啗之，謂之「鵝闕」，土俗以爲上味。又曰昆明南接滇池，冬月魚、雁、鴨、蚌、雉、水鳥，遍於野中水際。猪貓犬騾驢豹兔鵝，諸山及人家悉有之。但食之與中土相異，蠻不待烹熟，皆半生而食之。是則馬可波羅所記，生食之風，亦非偶然者也。總之馬可波羅游記一書，以滇省論，當與李京雲南志略、張道宗之南詔通說等爲同一名著，今二書既軼，而馬可波羅游記尙存於世，眞瓌寶也。

押赤城

「押赤城」一名，始見元史兀良合台傳。其地當今滇省何部，頗滋疑義。顧氏方輿紀要曰：「羅部城」在今省垣西一百四十里，羅次縣城北。而「押赤」則在縣東南，此言「押赤」之在羅次也。而馬可波羅游記曰：自河次西行五日，至一城曰「押赤，」近人陳垣註，謂城卽大理，此又一說也。按河次卽「合子城，」南詔所置，距今滇西鎭南縣東三十餘里之一市鎭，所謂呂合是也。由此西行五日至大理，而非押赤也，以大理爲「押赤」當係馬可波羅記憶之誤，兀良合台傳稱，元兵既取龍首關入大理分兵取附都善闡既破合刺章水城屠之，又攻下羅部城，擒大酋高昇，始進攻押赤城，地爲東爨首都，城際滇池三面皆水，既險且堅，選驍勇以砲摧其北門，縱火焚之皆不克。又七日伺其乏，督師躍入，亂斫之，城始破。夫押赤既臨滇池，三面皆水，爲東爨首都，則似爲善闡城明矣。故明高岱鴻猷錄曰：押赤卽善闡也。又曰善闡城際滇池，三面皆水，元爲中慶路，梁王駐焉。然或又有以爲可疑者，馬可波羅游記言：押赤市街宏敞，人物殷富，其地周百哩許，皆環以湖，並不言其城臨滇池，此其一。羅次境距今省垣西二日程，而距呂合東恰五日，此其二。意者押赤果在羅次境，如顧氏所言，其東西方位，爲馬氏追憶所誤耶？果爾，又何以解於城際滇池之言。吾以爲此二說者，似皆有據，而以高岱說較爲可信。蓋高岱明初人，當日昆明首縣，新城初立，善闡未廢，父老口碑，尚在人間，顧氏書晚出，自不逮其正確。考大德中程文海所撰世祖平雲南碑亦祇稱留兀良合台經略未附之善闡平「烏蠻」部落，而未言押赤，使果有第一名都如善闡者，當亦明言之矣。然則何以不稱善闡而曰押赤，法國東方學者馬斯伯羅氏，以此爲波斯語。馬可波羅用之。日本鳥居龍藏博士，以謂此蒙古語發言，漢代此地爲益州，音近押赤，以此訛傳所致。前說病在未讀元史，癸丑（西紀一二五三年）南征，實先馬可奉使者二十六年，是押赤之名，元人已先定之，非自馬氏作古也。後說亦屬臆度，全無實據。惟元人得地，輒以國語呼之，如察罕章哈剌章之類，尚係事實。當此衆說紛紜之際，高岱以爲押赤即今省垣南關外東西二寺塔間元之廢城善闡一說，似尚可從。然善闡爲大理別都，而押赤爲「烏蠻」首都，又不能無別焉。故依余之考據，則以押赤爲昆陽縣屬臨滇池之「古城」。

花馬國

花馬國在麗江境。府志卽舊巨津州名，昔元世祖駐蹕於此。明士知府木公有詩曰：政暇西行花馬國，鐵橋南渡石門關，北來黑水通巴蜀，東注三危萬里山。所謂黑水卽瀾滄江也。方輿紀要巨津州在麗江府西北三百里，有花馬山，崖壁有石如馬，而色斑爛，因名。昔麼些詔自名其國爲花馬國，忽必烈南滅大理時，三賧土酋麥良內附，並破鐵橋之花馬國以功授職，即此。三賧者，通安州也，今屬麗江。

高氏子孫

高氏世爲大理國權臣。世祖征大理，其主段興智奔善闡，宰相高太祥奔統矢，獲於姚州黑初山，（在今碍嘉縣）欲官之不屈，斬於五華樓下。時白日當午，忽雲起雷震，世祖異之曰：忠臣也，以禮葬之。（見元史類編大理傳）其後高明者，天曆中爲姚安路總管，（舊志）高惠爲鶴慶路總管，高策爲北勝土司。楚雄德化碑銘曰：高氏世爲段氏之相，鎮撫東都，今省會佛寺林立，塔碑雲峙，半爲高氏所築。

稱地爲雙

輟耕錄常讀金黃華老人詩，有「招客先開四十雙」之句，殊不可曉。近讀雲南雜誌曰：夷有田皆種稻，其佃作三人使二牛前牽中壓而後驅之，犂一日爲一雙，以二乏爲己，二己爲角，四角爲雙，約有中原四畝地，則老人之詩意見矣。南園漫錄近見唐書南詔傳言田一雙爲五畝，官給田四十雙則爲田二百畝，且與招客先開四十雙之句合，恐陶偶未之見耳。

萬戶千戶百戶爲官

元史兵志，長萬夫者爲萬戶，千夫者爲千戶，百夫者爲百戶。世祖時萬戶之下置總管，千戶之下置把總，百戶之下置彈壓立「樞密院」以總之。死陣者子孫世襲，后無大小，皆世其官，獨以罪去則否。至元十三年，賽典赤督滇改萬戶千戶爲縣令。是則元代滇之所謂縣令者，皆世襲之萬戶千戶百戶耳。異代之後，儼與土官無異。元學士虞集曰：土司著姓，自蒙段七姓外，雜以屯墾之官吏，皆招服番夷以爲莊戶，長食其土，元之官此等人專之。本紀武宗延佑六年四月「中書省」臣言，雲南土官病故，子姪兄弟襲之，無則妻承夫職，遠方蠻夷，獷悍難制，必令土人可以集事，今或闕員，宜從本俗權制以行，制曰可。是則元代滇省所謂豪右者，殆卽此等土官及其族屬無疑。

元代滇之統制階級

元分社會人士爲「蒙古色目漢人南人」四級。滇僻處西南，既入版圖，社會上畛域亦嚴，其征服者之蒙古色目漢人（無南人）與夫宗教徒，屯墾官吏土司等，皆爲當日社會上之統制階級。彼等有種種生殺予奪之特權，爲法律所保護。元史刑法蒙古人居官，犯法必擇蒙古官斷之，雖犯死罪監禁依常法，有司不得拷掠殺死。殺死漢人或軍人者，僅罰出征，並徵燒埋銀。色目人犯法，從「大宗正府」治之。諸僧道儒人有爭，有司勿問，止令三家所掌會問，諸內郡官仕雲南者，有罪依常律，土官有罪，罰而不廢。以是此等統制階級，剝奪深刻，輒釀巨變，本紀至元二十年十一月，禁雲南管課官於常額外多取餘錢，並禁雲南權勢多取債息，沒入人口爲奴，及黥其面者。二十一年正月，雲南諸路按察司官陛辭，詔諭之曰：卿至彼，當宣明朕意，勿求貨財，名成則貨財隨之，徇財則必失其名，而性命亦不可保矣。夫一二年間，官吏貪暴之事迭見詔書，則其風氣之惡劣，可想見矣。二十二年雲南省臣脫帖木兒請賦豪戶，二十三年納速剌丁請戒使臣，勿擾居民。至治二年，雲南平章答失鐵木兒朶兒只受贓杖免。三年雲南平章忽辛坐贓杖免。泰定三年雲南行省丞相亦兒吉䚟廉訪副使散兀只台以酒相詆，狀聞，詔兩釋之。文宗元年召雲南行省左丞也先吉尼不至，再詔亦不至。是則當日之滇官，其貪贓枉法，誠有不可勝言者矣。故元學士虞集曰：爲吏者常畏滇之遠而不樂就，朝廷憫遠人之失牧也，減法增秩以命吏，而爲吏者無治術，禽獸其人，起事造釁，善政之於民亦僅矣。嗚呼！此誠痛乎言之。

屯戶與民戶

元代滇之屯戶，一爲「寸白軍，」一爲「漏籍戶口。」兩者皆被征服剝削之階級。自愛魯以中慶隱戶屯田后，納速剌丁遣人專主屯政，賽典赤之開六河，張立道之營水利，目的皆在兵食。虞集曰：土司著姓，自蒙段七姓外，雜以屯墾之官吏，皆招服番夷，以爲莊戶，而長食其土，所謂番夷者，當卽土著之「寸白軍」一也。出則備戰，入則屯田，以供驅使。世代爲奴，全無自由。「民戶」每丁歲科粟一石至三石，驅丁五升至一石，耕種者每畝三升，隨路近倉輸粟，遠倉每粟一石，折鈔二兩。夫錢粮地稅既高，欲爲自由民者，且不可得，故甘願爲奴，藉屯吏及豪民之勢以避免徭役，或投充王府宿衞，（詳見賽典赤贍思丁傳）或隱避戶籍，以保殘喘。（見愛魯傳）其被剝奪也，土官之上，加以流官，水深火熱，不可勝紀。劉正改訂徵收，土官輸納，給以官秤，藉軍戶姓名及倉廩處所，爲更番支給，以除吏姦，相地置草場以免王府牧役之煩擾，納速剌丁請弛道路之禁，通民往來。禁負販之徒，毋令從軍。罷丹當站賦民金爲飲食之費，聽民伐木貿易，奏減哈剌章冗官等條，皆反映當日滇民之苦痛」。

元代滇之稅課

元史食貨志稅粮下云：雲南每歲稅粮二十七萬七千七百一十九石，與全國較，只占三十八份之一。以滇之面積衡之，大於江浙倍蓰，而滇省稅粮，僅及其十六份之一，則其漏略也多矣。故志稱明初定稅，據平章達里麻言，「元末田土多爲豪右隱占。」加以滇省番漢諸族，皆熱烈崇奉宗教。元制各種教徒皆有減免稅粮之條。中統五年詔僧道也里可溫答失蠻儒士凡種田者，白地每畝輸稅三升，水地每畝五升，軍站戶除地四頃免稅，餘悉徵之。元代滇之社會，既以豪右僧侶爲掠奪階級，故納稅者只少數之平民與軍戶。平民强半畜牧，軍戶僅供軍用，其全省稅粮之總額極低也宜矣。

元代滇之牧政

世祖中統四年設「羣牧所，」隸太府監，尋升「尙牧監。」其牧地全國一十四處，而雲南居其一。設牧所於亦奚不薛（今貴州境），所牧馬，左股烙以官印，號大印子馬，牧人曰「哈赤哈剌赤」有千戶百戶，父子相承，逐水草以居，每歲遣官巡視馳奏，以蒙古回回漢字造册以聞，蓋亦滇政之一也。

驛遞

「驛遞」元譯名曰「站赤，」以通達情形，宣佈號令者也。雲南諸路所轄站赤七十八處，計馬站七十四處，馬二千三百四十五匹，牛二十隻。水站四處，船二十四隻。本紀至元二十年，立亦奚不薛宣慰司，開雲南驛路。二十二年，置合剌章四川建都等驛。二十八年雲南行省言敍州烏蒙水路險惡，舟多被溺，宜自葉稍（當係葉榆之誤）水站出陸經中慶又經鹽井土老必撒諸蠻至敍州慶符可治爲驛路，凡五站，從之。大德四年五月，增雲南至緬甸十五驛，驛給圓符四，驛券六，然則川雲貴與緬甸數千里間，斯時水陸交通，已有便捷之驛遞也。

牧民官得佩虎符

元史本紀仁宗皇慶元年樞密院奏：雲南省言，本省藉軍士之力，以辦集錢粮，遇有調遣，則省官親率衆上馬，故舊制雖牧民官，亦得佩虎符領軍務，視他省爲不同。臣等議已受虎符者依故事；未受虎符者宜頒賜之，制可。又皇慶二年正月詔：雲南省鎮遠方掌邊務，凡涉軍旅者，自平章至僚屬須同署押。於此則元初滇之守令，多用武人，可想見焉。

元代滇之鑛業

元代滇之鑛業，頗稱發達。至元十四年，諸路總納金一百五錠。二十七年，撥民戶於雲州採銀煬煉，設從七品官掌之。二十八年，又開聚陽山銀場。二十九年，遂立雲州等處金場提舉司，又於澂江撥漏籍戶於薩矣山煬煉，凡十一所，其歲課見之貨食志者，威楚元江課金銀，麗江課金，大理課金、銀、銅、鐵，金齒臨安課金、銀、鐵，曲靖建昌羅羅斯課金、鐵，澂江課銅、鐵，中慶課鐵，會川德昌柏興烏撒東川烏蒙課金，依天曆元年歲課較之。

天曆元年歲課表

省別＼課類	金	銀	銅	鐵
腹裏	四〇錠	一錠		
江浙	一八〇錠	一二五錠		二四五八六七斤

江西	二錠	四六二錠		二一七四五〇斤
湖廣	八〇錠	二三六錠		二八二五九五斤
河南	三八錠			三九三〇斤
四川	七兩			
陜西				一〇〇〇〇斤
雲南	八四錠	七三五錠	三三八〇斤	一二四七〇一斤
合計	五三一錠	一五五九錠	三三八〇斤	八八四五四三斤

由上表可知元代滇之銅已爲全國特產，年課至三千三百八十斤，而錫尙未開發，銀產占全課總課額約什之九而强，金占全國課額之半，鐵占全國課額七份之一，華陽國志稱，諸葛武侯旣平滇，出其金銀丹漆耕牛戰馬，以供軍國之用，終其世不復置。是滇之鑛產，自漢迄元皆爲中國西南之一寶藏也。

鈔貝並用

滇繫滇中用貝，今已漸少，俗曰肥。其用以一枚爲一妝，四妝爲一首，四首爲一緡，亦謂之苗，五緡爲一卉，卉卽索也，一索值銀六釐，而市小物可得數十種，故夷民便之。鄧川州志四莊爲手，二十則索以貫之，蓋八十枚也。今民間藏前明買賣契尙載價𧴩若干索，元史本紀賽典赤奏，雲南貿易與中州不同，鈔幣非所諳習，請鈔貝並用，制曰可。鈔者紙幣之權輿也，世祖中統至元以後常行之，曰交鈔，以絲爲本，每銀五十兩易絲鈔一千兩，稱「中統元寶鈔」其文以十計者四，以百計者三，以貫計者二，每貫同交鈔一兩，兩貫同白銀一兩，交鈔行久，物重鈔輕，屢有改更。大抵至元鈔五倍於中統，至大鈔又五倍於至元。而中統至元鈔，終元之世嘗行焉。本紀大德九年十一月，以鈔萬錠給雲南行省，命與貝參用，其貝非出本土者，同僞鈔論。

屯政

通考自元及明，中國之流寓屯田者，與之相揉，則窮鄉僻壤，盡衣冠之侶矣。夫屯田之利，可以養兵安民，爲我國古時邊地殖民最善之策，故元人襲其法而極力擴充。自張立道於昆明發夫丁洩水，得良田萬餘頃，贍思丁開六河以備水旱，其子納速剌丁選官專督軍民屯田，察其殿最，以爲賞罰，於是屯政大興，茲參照元史地理志列表於后。

屯所	屯戶	年代	地積	性質	附註
威楚提舉司	民三三戶	至元十五年	一六五雙	民屯	漏籍民戶

大理金齒宣慰使都元帥	軍六〇〇戶 民三七四一戶	至元十二年 至元十七年	二二一〇五雙	軍民屯	寸白軍
鶴慶路	軍一五二戶 民一〇〇戶	至元二十七年 至元十二年	軍六〇八雙 民四〇〇雙	軍民屯	寸白軍
武定路總管府	軍一八七戶	至元二十七年	軍一八七戶	軍屯	
威楚路	民一一〇一戶 軍三九九戶	至元十五年至二十七年	民五五〇五雙 軍一五九六雙	軍民屯	漏籍民戶 寸白軍
中慶路	民四一九七戶 軍七〇九戶	至元十二年至十七年	民一九六二四雙 軍二八三五雙	軍民屯	同右
曲靖等處宣慰司兼管軍萬戶府	民三五八〇戶 軍三九五戶	至元十二年至二十七年	民四五八〇雙 軍四〇〇雙	軍民屯	兼曲靖澂江仁德諸府
烏撒宣慰司	軍二〇〇戶	至元二十七年	不詳	軍屯	烏撒東川二屬
臨安宣慰司	民二三〇〇戶 軍二八八戶	至元十二年至二十七年	民四〇〇〇雙 軍一一五二雙	軍民屯	兼管軍萬戶府
梁千戶翼軍屯	軍一〇〇〇〇人 內三〇〇〇人巡邏	至元三十年至三十一年	三七八九雙	軍屯	梁王所遣漢軍初於烏蒙後移新興
羅羅斯宣慰司兼管軍萬戶府	民一六五戶 軍三〇二戶	至元十七年至二十年	不詳	軍民屯	建昌會理會川德昌等縣
烏蒙等處總管府	軍五〇〇〇人	仁宗元祐二年	一二五〇頃	軍屯	畏吾兒及新附漢軍所屯

以上屯所十二區，計民戶屯田者一萬五千二百一十七戶，大都括自「漏籍民戶。」軍戶三千二百三十二戶暨六千人，大抵出自土著之「寸白軍。」民軍兩屯共墾地凡六萬八千一百九十六雙，每雙以五畝計，凡三十三萬五千畝，每戶工作以三人計，已達六萬人，則當日屯田移民之盛可想見矣。

張三丰

張三丰遼東人名全一，又名君寶，三丰其號也。不修邊幅，又號張邋遢。頎而偉，龜形鶴背，大耳圓目，鬚髯如戟。寒暑惟一衲一簑，所啖升斗輒盡，或數日一食，或數日不食，書經目不忘，游處無恆，或云，能一日千里，善嬉諧，旁若無人。明太祖成祖時，曾遣使覓之不得。或言三丰金時人，元初與劉秉忠同師，後學於鹿邑之太淸宮，然皆不可考，三丰好游戲，常爲人繪炭懸壁，隆冬滿室皆溫。歲荒，敎童子迎神禱雨輒應，文見明史本傳。按三丰留滇最久，今城內四牌坊有三丰菴。曩余見其爲人所作字屏，筆力遒勁，如走龍蛇，不見端倪，惟書法奇古，有如符籙，故不爲士林所重。

奴婢

輟耕錄國初平定諸國，日以俘到男女匹配爲夫婦，而所生子孫，永爲奴婢，總曰驅口，可以紅契買賣，隨女出嫁，廿二史扎記卷三十，亦載元初諸將多掠人爲私戶，此種風氣，元初滇省亦頗通行。本紀至元二十年十一月，禁雲南權勢沒入人口爲奴及黥其面者。武宗至大三年，臨安大理等處宣撫司及普定路所隸部曲，連絡蠻寇「殺掠良民。」蓋雲南地廣人稀，耕種田地，奴婢固一大利市也。

烏剌赤

元馮夢弼爲雲南宣慰司令史，嘗因公差抵一站，日暮站吏止行，問其故，閉目搖手不敢言。馮怒不從，夜行至大溪，忽見一物如屋，「烏剌赤」下馬跽泣若告訴狀，呼問何物，亦閉目搖手不敢言。馮乃下馬祝之，其物轉入溪中，腥風臭霧，觸人口鼻。比曙抵前站，站吏驚曰今夜「馬判」上岸，「麻線」何以得過。問馬判何物，曰螞蝗精也。後夢官至禮部尚書。方言官人曰「麻線」，站役之牧馬者曰「烏剌赤」。文見滇繫。

花押

輟耕錄元時蒙古色目人爲官者，多不能執筆，「花押」例以象牙或木刻而印之。宰輔及近侍官一品者，則用玉圖書押字。

善闡台

南詔有善闡台，滇繫南詔以十二月十六日遊於避風台，命淸平官賦詩。驃信詩曰，避風善闡台，極目見騰越，悲哉古與今，依然烟與月，此善闡台者，與善闡城名，殆同爲佛號耶。方輿紀要曰：鄯闡猶言別都也。不知孰是。

元代冢墓

元咸陽王賽典赤贍思丁墓，舊志稱在昆明縣北門外。今在省垣東南二里雲津橋（即聚奎樓）東之大道旁，蓋舊志所言乃善闡故城也。明大學士安甯楊一淸有謁咸陽王廟云：香火高城廟貌崇，邦人相對泣遺忠。漢廷才望金車騎，唐代勳庸渾侍中。地盡關山開禹跡，人於絃誦識華風。車書又屬文明運，猶有新碑紀舊功。淸宣統中回敎人士保廷樑等以故塚傾圮，鳩工建築，規模宏麗。冢作長方形，坐東面西，四周築方形台基。塚前面刊「元咸陽王贍思丁墓」八字，後刊回文，左刻元史本傳，右刻袁樹五先生所作碑記。距墓道前丈餘，亡友學士袁伯舉樹有封碑，書一淸所撰詩。伯舉才氣橫溢，書法秀拔，幷稱不朽。顧咸陽王開六河，功業卓茂，迄今滇人猶絃誦不輟。小東門外薛爾望衖頭有廟，春秋致祭，則伯舉所樹封碑，若移於廟前更爲美矣。此外元代冢墓，如澂江有「右丞埜喇墓」，路南有「武德將軍閈里伯墓」等不可勝計。而昆明梁王墓尤多，皆王子也。師荔扉曰：相傳嘉靖間，板橋一邨民，每夜見墓有光，疑爲寶藏，糾力盜開，空無所有，惟破匣中劍一而已。民取歸家，中夜火光大起，鄰趨問之，至則寂然。民疑爲怪，恐發塚事露，乃裹劍潛投山下，遂成巨潭，蓋龍劍所爲也。

交趾與雲南

張志淳曰：交趾唐堯宅之，漢州之，吳割據亦然，宋不競始失。迄元之强大，竟不能郡縣之如漢也。雲南漢不能通，至唐委以公主，至三閩成都，抗衡中國，然今竟爲郡縣。說者謂元兵由西域出大理後，故地勢順下雲南而我朝（明）開拓以之，是已。然元剗匡山，屠閩廣，因稱兵交趾，勢亦無不順矣，而竟不能有之何耶？我朝永樂初，破交趾，立「布政司」以保漢舊，偉矣。尋又棄爲外國，豈地合散自有數耶？抑人謀之不臧也耶？余以謂南園此論實坐於忽略雲南之地理歷史關係。蓋雲南氣候溫和，據揚子江珠江上游，與巴蜀湖廣接界，自漢唐以來，無代不有兵爭，卽無代不有數十萬人由商賈仕宦，或從軍流戍，以移置於滇。而元明以後，又爲大規模之移殖，豈如交趾天氣酷烈，中國偶用兵而不能守耶？或曰，此亦時代開化先後之次秩使然，不見夫元明以後，華僑流寓南洋之衆，使無西方各帝國主義者之侵凌，則相繼郡縣者，又豈止一交趾而已。

崇聖寺記

大理崇聖寺爲南詔大理數百年間崇宏偉麗之寺觀，元初嘗見諸保護之勅誥，有重修該寺記，爲元肅政廉訪使李源道撰。其文有云：段氏以三萬里之土，納款於朝，厥祖興智，奉命四征不庭，深入邕廣日南之區，而死於王事。中統初，武定公入朝，上嘉之，賜以金虎符，俾領舊土。益自奮勵，獎練士卒，攻善闡，下拓城，克新興，取尋甸，挫舍利畏二十萬於滇海之上，破釋多羅十餘衆於洱水之濱，及段隆繼參大政，七覲闕廷，賞賚無算。諸子孫之爲方伯者又十數人，由此文可以考見當日雲南梵化之深。舍利畏等佛徒造亂，輒數十萬人，并元廷眷顧段氏之優渥，段氏潛勢力之雄厚，若夫善闡拓東舊志以爲一城，而此文與南詔野史則分爲二。南詔野史謂拓東城在昆陽州北平定鄉，蒙氏子鳳伽異曾築城於此。果爾，則元史及馬可波羅游記所紀之押赤城當卽此處。蒙國大詔德化頌碑所謂贊普鐘十四年（卽西紀七六六年）春命長男鳳伽異於昆州置拓東城居二詔佐鎭撫者是也。然則，崇聖寺記之可貴，亦可見矣。

大寺碑

南園漫錄永昌郡城西北五里許，俗名大寺山，寺廢無孑遺矣。近得一小碑，文雖不足觀，可證永昌之爲郡，在元已盛。且與金齒夷之地迴絕。碑略云：有蘇慶者，繼父襲永昌千戶，以邊功敬奉梁王令旨，授同知，鎭康路軍民總管府事。既滿且代，灰心利祿，捐資復建栖賢，舍己田二十四雙，買䝑三千餘索，以充常住。既落成，以永昌爲太皇太后湯沐邑。蘇氏獻以充官，上爲皇家延壽，下爲人民祈福，有司以聞，奉帝師法旨，省府榜文特爲加護扁額曰報恩。泰定三年七月既望，永昌府儒學敎授華陰楊森記，濮陽金秀書，承事郎同知永昌府事，汴京張埜先篆額，功德主蘇慶住山釋道惠等立石。其篆額云：棲賢山報恩梵寺記。其帝師背高一字與梁王同。於此可見胡元之重佛，而梁王能授人以官也。

元之寺觀

省垣城內祖遍山大德寺有雙塔，相傳元大德中建。然考明趙璧所撰重修碑記，其塔實天順時（西紀一四六〇年）何永清所造，寺亦重修。城內螺峯山圓通寺建自蒙氏。元延祐間重修山下圓通洞，有蛟爲害，盤龍僧建寺鎮之。蛟去水涸，名潮音洞。淸眞寺二，一在省城南門內，一在南門外魚課司街（在今東寺街頭，此或係元徵魚課處。）俱元平章賽典赤贍思丁建。至省城西二十餘里太華山之華亭太華二寺，前臨滇池，汪洋千頃，蒼翠欲滴。舊有縹緲樓一碧萬頃閣碧蓮室等。建築爲滇湄諸梵刹冠，俱元僧玄鑑所建。康熙中，總督范承勳重修之，遂爲名勝。省城西班莊郵有海源寺，元平章脫歡普化建。內有大悲閣氣象雄偉，俯瞰滇池，近省主席龍公重修之，頗有復興之勢。省城西四十餘里之玉案山有筇竹寺，唐貞觀中高光所建也，時滇人所奉佛，皆西域密宗，初無禪講宗也，元既混一南詔，善闡人雄辯大師者，以奧學宏器，歸自中華，始倡講宗於茲寺。滇緇流俊秀者，翕然從之，而其道日振，遐邇欽從，師實啓之也。他如官渡之妙湛寺，昆陽之明光寺，（在城內大智坊元至正十三年，土知州高明建，今尙存。）晉甯之盤龍寺，安甯之曹溪寺，臨安之東林接待等寺，亦並爲元寺之著者。

五華樓

樓在大理府城內，滇王蒙佑建。方廣五里，高百丈，上可容萬人，下可建五丈旗，蒙古太弟忽必烈征大理，曾駐兵樓前。重修後，遭兵火始廢。今城中譙樓曰五華，姑存其名，其廢址約在城之中央耳。

僧左黎

南詔野史段氏第三代總管段慶，奉勅征交趾平之。入朝，帶僧左黎同往。適成宗病手疽甚，黎以法水洗之立愈。帝欲試其術，乃掘地窖，令八人潛其中擊鼓，佯云有怪。召黎治之，黎行法頃之，不聞鼓聲，啓窖視之，八人已死。帝敬其法，封爲國師。

元朝進士

省志載：元朝滇進士數人，王昪昆明人，官曲靖宣慰副使，學政名時，段文瑞澂江人，讀書盡孝，詔旌其門，仕至臨安總管。楊惠楚雄人，孝母感神，詔旌其門。張景雲昆明人，仕至臨安經歷。陳寶平彝人，仕至尚書。尹貢南甯人，仕至尚書。以上三人，皆德政名時。元朝進士王楫李近仁段天祥李天佑李郁五人，皆三甲同進士出身。

梁王避暑宮

滇繹吳梅村詩：碧鷄台榭亂雲中，舊是梁王避暑宮，銅柱雨來千嶂洗，鐵橋風定百蠻通，朱鳶縣小輸賨布，白象營高挂拓弓，莫唱太平滇海曲，檳榔花發去年紅。今之西山諸寺廟，卽梁王避暑宮也。城內亦有梁王宮，明爲珉王府，今廢。

天定賢王

野史憲宗三年（西紀一二五三年）大將兀良合台拔善闡，獲興智以獻，憲宗命赦之，封爲「摩訶羅嵯」，管領八方，仍守其地，世襲總管，歸鎭大理。中統元年（西紀一二六〇年）興智率其季弟段信苴福北行，朝於世祖，道卒。蒙古遣使祭弔曰段氏受命以來，朝夕惕勵，賴爾維勤，用征不廷，特遣太常省祭贈爲「後理國向義天定賢王」，段公尙賴神庥，永保祚土，所贈王爵，後不爲例。明年勅授王弟信苴日爲總管，錫虎符總理大理善闡威楚統矢會川建昌騰越諸郡，撫卹已附之民，招集未降之國，然則段氏者，雄圖千餘年，迄元猶割據一部，未嘗亡也。

東西河

雲南府省城外有東西二大河，爲元雲南行省平章政事賽典赤所開。東名曰金汁河，西名曰銀汁河。

阿姑祠

省垣南關外西寺塔旁有阿姑祠，爲故元梁王女阿襤死節處。滇人士嘉其忠節立祠奉焉。淸乾隆中，師荔屏先生有詩云：梁王山色晚煙生，鴉不啼時月自明，一夜風吹西寺塔，霜空不斷響鈴聲。詞頗悽切。

孔雀膽

孔雀膽一書，爲近時文家施蟄存先生創作，卽以阿蓋及段功戀愛之事實爲其題材。書凡七節：第一節述段功平定紅巾賊後，梁王奏授平章，以女阿蓋妻之，於是功留戀善闡無意西歸。其夫人高氏賢明善文辭，恐梁王不存善意也，寄曲諷之；而當時大理國人以屢世亡國之仇，誓圖報復，亦頗屬意於功，功得書歸，久之復不能忘情於阿蓋，而於國人責望之恢復運動則置諸腦後，故未幾卽遄返善闡。第二節敍段功之情敵右丞驢兒，左丞達的，因功之復來，頗憎厭之，譖於梁王，王不能決。第三節功至梁王所，把匝剌瓦爾密盛陳威儀，驢兒示以世祖佩劍，及乃祖天定賢王被俘時犀甲以激之，功不能忍，拔劍相讓，梁王窺之，不歡而散。第四節功入謁阿蓋於雲母屏邊，玉容寂寞，愁腸寸斷，蓋示以「孔雀膽」，一梁王付以毒殺功者也。功知之，不爲備。第五節，敍大東寺演梵，功與驢兒並轡而行，至城中通濟橋，馬逸，番將數騎出，格殺之。第六節段功已死，驢兒與達的，又形成情場對峙之局，達的則揭示其陰謀，以破壞之。阿蓋多情女子也，遭此慘劇，觸目傷懷，一夕秋月園中因綴西山鐵立之詞，以志哀思。適驢兒至，强以婚姻，阿蓋以孔雀膽投入樽中，欲毒之以洩積忿，事露，驢兒大怒，執樽强飮，蓋不勝，遂投水死，全文於此告終。施氏此作，其文筆流利，描寫深刻，能於愛情與國仇對立中，儘量發揮其情節，不僅其事之香豔，即其文亦可傳也。

太華寺前之二石塔

太華寺前，昔有石塔二尊，各高尺餘，全體石造，作橢圓之錐形，四周刻佛坐像四尊，一面刻藏文神咒，一面刻漢文塔記，茲錄其文於後。

佛頂尊勝陀羅尼神呪（以藏文橫書碑陰，茲從略。）

夫聞尊勝陀羅尼者，　如來滅後，惟有佛陀波利，從西國來，至於漢土，到五台山，欲見囗囗（似文殊二字）有老人從山出來曰：法師西來，至此漢土，唯有尊勝陀羅尼頌，將來不報，　不將來也。老人曰：既不將來，空來何益。然後波利再取於經，流傳漢土，遍至雲南，經　此尊勝陀羅尼，能滅衆生一切惡業，能濟幽冥地獄極苦，普能廣利一切羣生。流傳此經，即是報詣佛恩也。今有中慶　止善坊居住隴西氏般若昇，室女天水氏踰城秀，男長曰福，次曰君，三曰囗，四名奴，五名益，等同發善心，剏建寶塔。昇之爲人也，以直囗立身，少貪名利，不巧言令色，好持齋念佛，偏（當徧訛）行善事，年至七十有餘，聞此陀羅尼之妙力，懷於臨命之日，以兒男幼弱，不能修建，因以樹此寶刹。先鎮於墳邊，用此功德，以爲來世之憑據也。

頌曰

尊勝陀羅尼。流傳於漢土。遍至我雲南。憑據得濟度。能滅七返身。如來爲善住。
經稱塔上風。吹削罪無數。經稱塔上塵。落滅傍生苦。或塔影映身。業塵不染汙。
能誦此眞言。閻羅不畏懼。名靜除惡道。誦持沒惡趣。願世世生生。常受持讀誦。
受持讀誦已。速登菩提路。

泰定元年上元甲子歲，孟夏四月吉日，楊護公書，大使張奴刊。

人匠提舉杜昌海墓誌銘

杜昌海者，昔大理國彥賁杜青之八世孫也。其父杜昌彥，自大理移居鄯闡，有男曰海，敏而好學，果敢恭謙，誠信以立身，無僞而從事。夙通民事，熟閑吏門，由是初爲萬盈庫副使，次遷南甸縣主簿，次遷蒙來甸子相副官，又遷人匠舉提，四任之間，無分毫瑕玷。其爲人在外則仁讓，居里則推先，事其上則禮敬符儀，與人交則塤篪道合。作鄉閭之式，爲輩類之規。然而人命無常，生滅有準。於大德六年四月二十一日，因疾而終，享年四十有二。卜日葬畢，室曰周姮，男曰昇曰興，二子追懷慈親，肝腸將斷，痛心若割，悲思若漣。叵惻昇沉，未知生死，何道可追，濟之功德之中塔爲最上，造則何罪不滅，何魂不度，登涅槃路可以爲依，天上人間，增威益貴可以息思恨，可以寫口恨，爲超證之據兮，莫大於是矣。乃翘尊勝寶塔，刻佛尊容。又書眞言，用祈拔識。昇等喜其所辨，能事已圓，可以求數句之文紀神咒之左者，迨於子孫，不忘其德也，於是乎書銘。

斯人之生，擇善而行。無邪無僞，立德立名。從事四仕，廉而又淸。全其固志，盡有嘉聲。恭於在上，信彼交情。識通今古，智覩未萌。大德壬寅，數盡壽傾，孝子追思不及侍敬。號天叩地，已缺溫淸。翘塔造佛，以終孝行。哀哉嚴親，音容莫覩。拔神濟識，超生淨土。

泰定二年八月　日杜昇杜興立石

阿左黎張禾書咒　覺庵張政作文

楊順書丹　石匠張奴

地方官俸田

世祖卽位，始置內外官祿秩。大德中復定州縣官職田，無田者復益之以俸米。其行省左右丞平章俸，約一二百貫。上路達魯花赤俸八十貫，職田一十六頃。總管同知四十貫，田八頃。治中三十貫，田六頃。府判二十貫，田五頃。蓋元官吏俸祿，仍參古制。今日滇中各縣官田之保存，當以此爲其嚆矢焉。

諸王歲賜

元之諸王后妃公主，皆有采地。其關於滇者，食貨三太祖弟哈赤溫大王子，濟南王位分撥建昌路六萬五千戶，計鈔二千六百錠。世祖次子雲南王忽哥赤歲賜銀五十錠，折鈔一千錠，緞匹物料折鈔一千六百五十六錠。分撥福州路福安縣一萬三千六百四戶，計鈔五百四十四錠。蓋在采地內如路府州縣等，得薦其私人以爲監秩祿受命如王官，而不得以歲月通選調也。

惠民藥局

食貨志元立「惠民藥局」官給鈔本，月營子錢，以備藥物，擇良醫主之，以療貧民。大抵各路局皆以正官提調，所設醫上路二名，下路府州各一名，其鈔本亦驗民戶多寡以爲等差。雲南行省鈔本眞肌一萬一千五百索，是滇省公立醫院，殆以元爲其先河也。

測景所

元史天文志自郭守敬出，其所創儀表，臻於精妙，有古所未及者。當時測景之所凡二十有七，東極高麗，西至滇池，南踰朱崖，北盡鐵勒，是亦古人所未及者也。然則滇之氣象測驗，當以元開其端矣。

滇之學校

選舉志至元六年（西元一二六九年）置諸路蒙古字學，民間子弟願充生徒者，於所限額內，得免一身雜役。至元十九年（西元一二八二年）命雲南諸路皆建學，以祀先聖，是爲雲南全省州縣建學之始。然考賽典赤贍丁傳賽典赤於至元十七年（西元一二七六年）創建孔子廟，購經史，置學田，文教稍興。是則元代滇之設學，固已開端於先，十九年，始徧於各州縣也。顧設學之始，僅祀孔子，而問學者少。故張立道傳（至元十五年西元一二七八年）雲南未知尊孔子，祀王逸少爲先師，立道首建孔子廟，置學舍，勸士人子弟入學，擇蜀士之賢者以爲師。忽辛傳大德中，忽辛爲雲南行省右丞，下諸郡立廟學，選文學之士爲之師，文風大興。程思廉傳（至元二十六年西紀一二八九年）雲南舊有學校，禮敎不興，思廉力振起之，始有從學問禮者。又本紀延祐元年（西元一三一四年）五月，始置雲南儒學提舉司，司全省學務，是雲南正式設學施敎，已在各縣建廟祀孔後三十二年；但本紀延祐六年，省雲南大小徹里等地同知相副官及儒學蒙古敎授等官一百二十四員，是則雖設學校，置敎官，亦無人就學之一反證。不寧惟是，選舉志延祐元年，全國鄉試舉子，當選者二百人中，雲南僅五人（內蒙古色目各二名，漢人一名。）於總額中除較征東行省多二人外，其餘各省，雲南皆有不逮，邊省中，如甘肅多於滇省二人，四川且倍之，是則元代雲南敎育之落伍，可概見矣。

滇官優待特例

滇以邊遠荒陬，遷除官吏每多牽就。見於元史者，優待特例甚多。姑舉其著者。一曰「廕敍。」延祐六年部呈雲南甘肅廕敍之人，如父祖始仕本處止以本地方敍用，由腹裏江南遷往者，雲南官員擬四川廕敍。二曰「陞級。」至元二十八年，詔腹裏官員遷去雲南近裏城邑，擬陞二等，若極邊重地，更陞一等。三曰「省選。」部議雲南六品以下官，任滿依御史台擬定名闕，咨省奏准，勑牒到日，許令之任，若有急闕，依上選取權令之任。歷過日月，依上准理。按此條文，則六品以下官，無異於由本省自行選辟以聞也。四曰「遷調。」至治元年，省臣奏江浙江西湖廣四川雲南五省所轄邊遠地方官員，三年一次差人與行省行台官一同遷調。極邊重地之譯史令史人等六十月攷滿，亦得遷用。夫仕宦雲南，元人視爲苦差，無怪乎官吏多缺，選補無從，而土官制度，仍得維持常久也。此外如大德元年，議雲南官吏，如遇祖父母喪葬，其家在中原者，並聽解任奔赴，則其待遇之優渥，又各代所罕見者也。

倉制

元初始於雲南諸路立倉以調豐歉，名曰「常平。」鄉社納粟儲蓄，歉年就社給民，名曰「社倉。」雲南山多田少，交通匪易，濟民緩急，以此爲得。此元之善政歟。

街子

元西征後，始滅大理，集世界各國之人士財貨於三迤，於是農業大啓，工商之用益廣，市肆之設，徧於三迤，名曰「街子。」其俗每五日一街，郡城不同日，每以干支相比。如辰日龍街，戌日狗街之類。至期漢夷雜集，而以鈔貝爲幣，百貨雲集，交易踰時始散。通都大邑，以至窮鄉僻壤，土司地方，無不有街子之設。亦如嶺南之墟，齊趙之集，四川之場。元人施行有街子詞云：「猪街才罷又龍街，蠻女牽羊入市來，背上擔兒營慣負，胭脂落盡小桃開。」殊堪發噱。

麗江木氏族譜畫片

郡國利病書：土官木得，在元爲麗江宣撫司副使。明洪武初入貢，歸附，以克石門功，授世官，爲土知府。蓋忽必烈南滅大理時，三賧土酋麥宗麥良內附，并破鐵橋之花馬國，以功授職，故能傳世久遠也。往歲於美國羅克博士寓，見所藏木氏族譜畫像照片，計數十頁，由宋以訖淸季，數十代相承無替，并有名人題跋，亦滇西文獻之寶物也。

三迤由元得名

滇繹：滇有兩迤，始於史記，而三迤則始於淸初。謂史記自滇以北，君長以十數，皆椎結耕田有邑聚，其外西自同師以東北至楪榆，皆編髮隨畜遷徙無常處，似乎風俗人種，顯判爲二，此兩迤之分所由來，其論允矣。顧三迤之分，余竊以爲或始於元。元史地理志至元八年（西元一二七一年）分大理國三十七部爲南北中三路，方輿紀要曲靖爲中路，臨安爲南路，而北路不詳。路之分，迤之所由來也。然元分南北中三路，何以不有西路。曰此實由於段氏之分治使然。世祖本紀，癸丑十二月班師，留兀良合台征諸蠻之未平者，與段氏同安輯大理。信苴日傳：中統二年（西元一二六一年）信苴日入覲，世祖賜虎符，詔領大理善闡威楚統矢（今姚州等屬）會川建昌騰越等城，自各萬戶以下，皆受其節制，其中除善闡爲元中慶路屬中路，建昌會川應屬北路外，餘悉迤西州縣，爲段氏世封之境，故無西路之說。及至元十一年（西元一二七四年）雲南行省確立，分全省爲三十七路，於是三路之說亦廢。代之者必三迤也。

元好問送劉時舉

雲南山高去天尺，漢家絃聲雷破壁。九州之外更九州，海色澄清映南極。幽幷豪俠喜功名，咄嗟顧盼風雲生，今年肘後印如斗，過眼已覺烏蠻平，諭蜀相如今老矣，不妨銅柱有新名。

方回贈孔埜耘宦雲南

漢代哀牢種，瀘南大渡河，其都居善闡，有水號牂牁。丞相祠諸葛，將軍畏伏波，石扶碑故在，銅作柱難磨。

古但羈縻耳今如震慴何，一成平六詔，萬里削三莪。跣足追機弩，氈頭敢荷戈，鬼王牽駿騮，岷國效文驟。梵供花優鉢，經傳貝葉多。異香然篤耨，碩果噉波羅。碧鈿懸珠珥，銀鉤摘象馱。深秋如夏熱，窮冬亦春和。霧毒飛鳶墮，風腥巨蟒過。已還生定遠，猶類病維摩，宦思輕髦梗，間心顧澗阿。此鄉非瘴土，何幸小婆娑。

爨些詔王沂官宣文閣學士

瀘南地多瘴，爨些美風俗，酋豪富畜牧，散野若蜂蟻。聖世垂柔遠，政爾煩尺箠，敗羣既已去，飲乾自相靡。土俗類楚優，衣被紛錯綺，徘徊百態出。供我一笑喜。亦有善舞刀，衆鋒粲鯨齒。坐令帳下兒，往往髮上指。將軍一回顧，風獵旌旗尾，四座且勿喧，酒酣可以起。

梁王詩

梁王把匝剌瓦爾密，生當元季，至正二十三年，紅巾賊攻雲南，入金馬山，王奔楚雄，感而自詠云：野無青草有黃塵，道側仍多戰死人。觸目傷心無限事，鷄山還似舊時春。詩雖平庸，出自蒙人，亦自難得。

金指環

金指環，曲名也。段功平紅巾賊，梁王妻以阿襤，酒酣，阿襤起，謌金指環云：將星挺生扶寶闕，寶闕金枝接玉葉，靈輝徹。皓皓中天光映月，玉文金印大如斗，猶貴唐主結配偶。父王永壽同碧鷄，豪傑長作擎天手。

此曲佳甚，然以西山鐵立詩較之，其爲升庵贋作無疑矣。

程鉅夫

鉅夫名文海，避武宗諱，以字行。世居建昌，其叔父雄飛，仕宋爲建昌通判，以城降。世祖至元中，入質爲御史中丞，南人得居台官，自鉅夫始。已而奉詔求賢江南，薦趙孟頫等二十餘人，皆置台憲及文學之士。大德八年，雲南省臣言，雲南民願刻石點蒼山以紀功德，詔鉅夫撰其文，碑今存於蒼山中和峯下。按鉅夫嘗修成宗及武宗實錄，其文學與趙子昂等齊名。建昌路，元地理志著者有二：一爲今江西省南城縣，一爲今四川省建昌縣。四川之建昌，宋代羈屬於大理，則鉅夫原籍亦江西人也。詳見元史列傳一七二卷。

揭傒斯

揭傒斯字曼碩，龍興富州人。（一二七四年至一三四四年）其文敘事嚴整，語簡而當，詩尤淸麗綿密，善楷書行草，朝廷典冊，當世銘文，多出其手。蓋亦子昂鉅夫輩也。偶讀王桐齡師中國史稱傒斯爲雲南蒙自道富州人，心竊異之。翻元史地理志考之，乃知所謂富州者，乃江西省南昌府豐城縣，元初始升爲州者，於是渙然冰釋，寓書先生，祈爲訂正。詳見元史列傳一八一卷。

支渭興

支渭興生於元季，以詩文見稱。南詔野史言：順帝丙午至正二十六年，（西元一三六六年）中原盜蜂起，臨安廉訪使支渭興三懇休，梁王不允，渭興自詠曰：年高才薄忝清流，欲挂朝冠不自由，且喜壯懷無訴諜，從教行道有鳴騶。故園花木無由見，何日干戈定得休。九十春光還欲暮，放懷聊與醉金甌。其梁王宮門外觀射柳，並清新可誦。

脫脫木兒

元置雲南行省以賽典赤贍思丁平章政事，繼任者爲脫脫木兒，續雲南通志儒學記元建孔子廟經始於至元甲戌平章賽公既始其事，甫就序而卒。詔平章政事脫脫木兒繼領省事。落成於丙子之春（由西元一二七四至七六年）是歲八月上旬，行釋奠禮於新宮，擇官民子弟之秀者以補學生，奏復其身。命蜀士王君榮午充教官以董之肄業焉。

忽必烈古蹟

世祖南征大理至太和始還師，故古蹟頗多。著者如翠華樓，在大理城西北之無爲寺，萬松鬱然，帝嘗駐蹕。趙州北十五里有御井，爲帝所飲水處。永甯之日月山爲帝所集兵處。麗江府東北之卡頭場爲帝所渡江處。

元代雲南大事紀

自世祖南征，迄於明初雲南政治，可分四期。至元十年（西元一二五三至七三年）以前二十年間，是爲雲南政治之羈縻時期。大理平定後，元廷嘗利用滇之「寸白軍」以奠定緬越諸國，經營南宋。其時滇之政治，以雲南王府之行六部，及大理等處宣慰都元帥府，段氏之總管府三大中心，爲其綱領。結果都元帥寶合丁等，以權勢之競爭，協謀毒殺雲南王。元方銳意於南宋之激烈戰爭，不暇顧也。至元十年，迄大德初（西元一二七四至九五年）廿餘年間，是爲雲南行省確立時期。蓋中原既定，元得專力經略邊陬，凡川雲貴未降部落，如亦奚不薛烏撒烏蒙羅羅斯合剌章等，均發大兵勘定之，使屬於雲南行省，或招徠其衆，設官統制，置兵屯墾。對外則占城緬甸安南，屢加討伐，夷爲郡縣。置其政治於雲南王管轄之下。而省之疆域，及政治組織，並於此時，奠厥基礎。然以諸王之牽制，土司之頑梗，其政治終不得充分之發展，惟與中原門戶大開，驛遞便捷，民族遷移，文化傳達之事，臻於極盛而已。元貞迄延祐（西元一二九六至一三一四年）二十年間，是爲雲南政治紛擾時期。其時元之軍隊，組織已日趨腐化，無復開國時轉戰萬里之能；故八百媳婦之役，勞兵轉餉，數十萬人，乃不能翦滅一彈丸之小國。宋隆濟之叛，諸蠻應之，滇東各夷部，竟於短期間，皆捲入旋渦。劉國傑等雖迅速定之，繼是而諸夷部弄兵以反抗元廷者，兩迤之間，不絕如縷。至使元人放棄其緬甸八百之積極經略政策。雖間有傾心歸附之邊夷，亦出於震懾前代之國威。則當日元人對於邊徼之失政，與夫特殊階級之官吏僧侶壓迫剝削之深刻，可想見矣。周王出鎮雲南迄於順帝（西元一三一五至一三六七年）五十年間，元以帝位之爭執，中央政府，日愈腐敗。當局者輒利滇之僻遠，流竄其政敵於此。然數十年間，蒙古色目之裔，以諸王及世官世兵之制，流衍於滇者，子孫繁殖，已臻極度。壓榨剝削之甚，於是永昌木邦大理威楚蒙化車里開南元江諸蠻，皆先後反叛。而諸王以權利之爭，如禿堅伯忽等，亦舉兵以抗行省。竭中原數十萬人之力，僅乃克之。而元代滇省多頭政治之流弊，至是亦遂土崩瓦解，不可收拾矣。是爲元代滇省之政治糜爛時期。

錫里庫

元史憲宗本紀三年癸丑（西元一二五三年）六月，命諸王錫里庫及烏蘭哈達等帥師征西域法勒哈巴哈台等國。錫里庫一名，元史宗室世系表無之。唯睿宗皇帝十一子，其六曰旭烈兀大王，音尙相近。近人李思純據新元史作蒙古西侵三大役表稱旭烈兀西征，由憲宗二年（西元一二五二年）兵鋒所及地在今裏海南波斯全境及敍利亞。是則錫里庫者，即旭烈兀，可無容疑。烏蘭哈達者，元史速不台傳，西征大將速不台之子兀良合台，於癸丑秋九月，隨世祖忽必烈，入定大理者也。波斯敍里亞與滇相距天淵。兀良合台所率元軍，縱有風馳電掣之速，安能以三四月之短期進行，即達滇境。則旭烈兀之出征，殆如新元史說係憲宗二年壬子六月，而非癸丑也。又本紀憲宗八年（西元一二五八年）二月，諸王錫里庫討回回法勒哈平之，禽其主，遣使來獻捷。新元史報達傳載：哈里發遣大臣出降，旭烈兀盡殺之。城破，屠戮七日，殺回教徒八十萬人，悉取哈里發金帛財貨，據其宮室。將哈里發父子裹以氈，置通衢，驅戰馬蹴踏而斃。且殺其親族，哈里發傳三十七世，至是而滅。然則所謂回回者，即西史有名之黑衣大食國（或薩拉森國。）以報達爲其都邑者也。法勒哈即哈里發，(Khalifa)回回之教主也。巴哈達疑即報達。(Bagdad)此最終之教主名曰木司塔辛(Mostassim)自報達就屠，回教之正統絕，其徒或括充兵役，或貿易四方，至元中轉徙以入滇者多矣。

斡羅思

元史所載斡羅思凡數人。武宗紀大德十年海山踰按台山，追叛王斡羅思此其一。武宗立，御史大夫脫脫等言：舊制皇太子官屬，省台參用，請以羅羅斯宣慰使斡羅思任之，此其二。英宗至治二年，斡魯思告訴父母，斬之，此其三。泰定紀，至治三年，鐵失密遣斡羅思來告也先鐵木兒謀立晉王爲帝，王命囚之，此其四。其與滇有關者，乃宣慰使斡羅思也。元史列傳稱至元二十一年，由內府必闍赤，遷雲南理問，領雲南王府事。後以忤桑哥被譖，籍其家。唯金玉帶各一，黃金五十兩，皆上所賜者。乃以公用係官孳畜加之罪。帝曰口腹之事，其寢之。至元二十八年，置八番羅甸宣慰司，晉嘉議大夫。大德中授羅羅斯宣慰使。皇慶時以四川平章政事召還。及卒贈光祿大夫益國公，子孫世職罔替。則斡羅思者，是亦開闢西南邊疆，負有氣節之名臣也。然元史地理志所載則反是。其普定府下曰：至元二十七年初，斡羅思呂國瑞入賄丞相桑哥及要束木等，請創羅甸宣慰司。至是言，招到羅甸國札哇諸種人來朝，爲曲靖路宣慰同知脫因所阻。會雲南行省言，羅甸即普里也。歸附後改普定府，隸雲南省。三十餘年賦役如期。今所創羅甸宣慰安撫司，隸湖南省。斡羅思等，擅以兵脅降普定土官，勒令同其入覲邀功，乞罷之。仍以其地隸雲南。制可。此地理志與本傳兩異之文也。夫斡羅思旣忤桑哥於前，安能行賄桑哥於後。且一人而首尾變節，傳文何以不言。考地理志引稱各節，文氣不貫。桑哥伏誅，乃至元二十八年，斡羅斯焉能於此時賄之。觀其文禮，必當時雲南省吏，請收復普安，以爲一路之公文檔案。當局者皆淺學無識之輩，漫然加罪，以相詆毀。纂修元史諸公，摭拾陳言，敷衍成文。故舛誤顚倒，一至於此，殊可笑也。

速哥

元史速哥列傳有二。其一爲一二四卷之速哥，蒙古怯烈氏，父懷都，太宗時，嘗命速哥使金，覘其虛實。其一爲一三一卷與滇有關之速哥蒙古人，父忽魯忽兒國王木華黎麾下卒也。以口辯事太宗，常居塔海帖哥軍，令佩銀印奏白機務。憲宗時速哥以世子從軍入蜀伐宋。至元中，從也速帶兒敗宋兵於馬湖江。破建都，斬其酋布庫。已而屢敗宋兵於川東諸部，官四川南道宣慰使，鎮重慶夔施黔忠萬雲涪瀘等州。十九年討平亦奚不薛，降八番金竹，以其地悉爲郡縣。三十一年僉四川行樞密院事，元貞元年卒。貴州之開。速哥與有力焉。

八番

貴州當雲南東，界南北盤江及烏江流域間，爲古八番地。自兀良合台征赤禿哥山寨後，叛服不常。至元十年雲南行省既立，始重舉兵經理之。本紀至元十六年，愛魯始將兵討之，著者凡三役。十七年討羅氏鬼國。以蒙古軍六千，哈剌章軍（卽寸白軍）一萬，四川藥剌海萬家奴軍萬人，阿里海牙萬人，三道並進。七月括蒙古戍丁者，敕亦來等率萬人入羅氏鬼國。如其不附則討之。九月羅氏鬼國主阿察及阿里降。西安王相李德輝遣人偕入覲，是爲黔西蠻部歸附之始。然省垣之亦奚不薛仍如故也。是年十月以湖南兵萬人伐亦奚不薛，其酋遣從子入覲，帝不悅，必欲其酋朝覲乃還軍。十九年二月調軍一萬五千、馬五千征也可不薛，六月盡平其地，立三路達魯花赤，留軍鎮守，命藥剌海領之，以也速帶兒爲都元帥宣慰使。僉亦奚不薛及思播敍三州軍，助征緬國，是爲黔省中部蠻族歸附之始。然其西北向世雄兄弟及散毛諸洞，尙未服也。二十年都元帥也速答兒還自亦奚不薛，駐軍成都，勅藥刺海戍之，屯守險隘。四月也速答兒招撫筠連州定州阿永都掌等處蠻，惟獨山都掌蠻不降，晉軍討之，擒其酋長得蘭紐，於是川黔之道始通。六月四川行省參政曲立吉思等，討平九溪十八洞，以其酋赴闕，定其地立州縣，聽順元路宣慰司節制。以向世雄等爲叉巴諸洞安撫使。於是貴州全境略定，七月立亦奚不薛宣慰司，益兵戍守。開雲南驛路，分其地爲三，設官撫治之。亦奚不薛軍民千戶宋添富及順元路軍民總管宣撫司阿里等來降，遂班師。以羅鬼酋長阿利及其從者入覲，立亦奚不薛總管府，命阿里爲總管。改思播二路隸順元路宣撫司，立總管府，統隸湖廣省，與滇無關也。至元二十九年，雲南行省爭之，請改隸雲南，制曰可。於是雲南兼領貴州版圖頓開。時斡羅思招附桑州生貓羅甸國古州等峒酋長三十一，部民十二萬九千三百二十六戶，詣闕貢獻。中書省以亦奚不薛及八番羅甸，既各設宣慰司，又復立都元帥府，其地甚狹，宜合二司帥府爲一，詔從之。且命與思播州同隸湖廣省，羅甸還隸雲南。以八番羅甸宣慰使斡羅思等並爲八番順元等處宣慰使都元帥，佩虎符，賜斡羅思速哥楊賽因不花蠻夷之長五十六人弓矢鞍轡有差。此時之貴州，殆已過軍事期而入於建設期矣。後斡羅思招附光蘭州洞蠻，就置定遠府，用其所舉秃干高守文黄世曾燕只哥為達魯花赤、知府、同知、判官，制曰可。三十年斡羅思更請以八番見戶合思播之民兼管徙宣慰司治沅辰靖州，常賦外，歲輸鈔三千錠，不允。光州邦崖金竹大龍永順安化師壁散毛等酋，各授蠻夷府，賜以璽書，遣歸。於是貴州政治之設置，臻於極度。而斡羅思之功績，遂亦為人所嫉。三十一年斡羅思為人所訟，逃回京師。是年減八番等處所設官二百一十六員，以八番稱新附九十萬戶，設官四百二十四員，及遣官覈實，止十六萬五千餘戶故也。元貞以還，亦奚不薛復隸雲南，而戍兵不至，叛服無常。大德六年討八百媳婦，土官宋隆濟遂以供輸繁勞為辭，乘釁起兵，攻掠州縣。劉國傑也速答兒等討平之，置兵戍守焉。要之貴州之勘定，至元十七至二十年其重要之時也。

也速答兒

也速答兒於世祖時，以世胄率兵從圍嘉定徇下流諸城，重慶之戰，以二十餘騎，攻宋都統趙安降之。還四川西道宣慰使都元帥。至元十九年，以四川兵會雲南江南兵討亦奚不薛，至會靈關，亦奚不薛遣先鋒阿麻阿豆等將數萬衆迎敵。也速答兒馳入其軍，擒斬之，所部五萬餘戶降。以功拜四川行中書省右丞。其拜雲南行省平章政事，乃在成宗大德七年，討平宋隆濟後。八年建言於朝，請立世祖平雲南碑，許之。九年羅雄（即今羅平縣）州軍火主阿邦龍少等虜普定路諸蠻為寇，右丞汪惟進討，賊退據越州，諭之不服；遣平章也速答兒率兵萬人討捕之。兵至曲靖，與惟能合，從諸王昔寶赤亦吉思帶等，晉壓賊境，獲阿邦龍少斬之，餘衆皆潰，命也速答兒留軍二千戍之。此皆載諸本紀，而傳文稱成宗時拜四川等處行中書省平章政事。武宗時，由四川遷雲南加左丞相，仍爲平章政事，南征叛蠻感瘴毒，還至成都卒。較之傳文，則本紀所紀，翔實多矣。斡羅思傳文與地理志矛盾之處，吾亦由本紀之參考而得解決焉。其名亦作也速帶而。詳見元史本紀及一二九卷列傳。

鴨池

世祖本紀至元十年六月，拜賽典赤贍思丁雲南行省平章政事，統合剌章鴨赤赤科金齒察罕章諸蠻。上三者在今滇東，後二者在今滇西。合剌章黑爨也，應以龍和城，即安甯西一日爲界，兼包滇中蒙自二道之三十七部蠻。赤科當卽赤禿哥兒，在合剌章東，普安普定諸羅鬼也。金齒在今永昌，察罕章白爨也，在今鶴麗及大理境，此皆無容疑者。唯鴨赤尙無相當之地可解。考兀良合台傳，既破合剌章水城，前次羅部府，遂晉至烏蠻所都押赤城，城際滇池，三面皆水。顧祖禹謂押赤在羅部城東南。馬可波羅游記謂在呂合相距五日程。地余考證爲昆陽北臨滇池之「古城」。此黑爨首都也。鴨赤與押赤同名，當卽指今楚雄武定羅次等屬，並與「鴨池」一名相等。兵志屯戍下云：至元十一年，以金州招討使欽察率襄陽生熟夯軍千人戍鴨池，蓋雲南行省初立，以鎭反側耶。又本紀十五年鴨池等處招討使欽察所領南征新軍，不能自贍者千人，命屯田於京兆。十九年征鴨池回軍屯田安西。二十八年遣官迓雲南鴨池所遣使。是知鴨池者，亦雲南諸蠻部之一，押赤則其都城也。

完者鐵木迭兒

完者於延祐四年（一三一七年）以知樞密院事，爲雲南平章政事。鐵木迭兒於至大三年，（一三一○年）爲雲南行省左丞，後並入逆臣傳。考元史朶兒赤傳，旣調雲南廉訪使，行省丞相帖木迭兒貪虐，羅織安撫使法花魯丁將置於極刑，朶兒赤爭之，竟獲免。武宗本紀至大三年十月，雲南省丞相鐵木迭兒擅離職赴都，有旨詰問。以皇太后旨貸免，令復職。仁宗立，以鐵木迭兒爲中書右丞相。已而平章政事百司庶政，悉歸中書。明宗本紀武宗入繼大統，立仁宗爲皇太子，命以次傳於明宗。武宗崩，仁宗立，延祐三年，議建東宮，時丞相鐵木迭兒，欲固位取寵，乃議立英宗爲皇太子，又與太后幸臣識烈門譖帝於兩宮，浸潤久之，其計遂行，於是封帝爲周王，出鎭雲南（按周王出鎭，乃延祐二年，則議立東宮，當係二年前事，不得曰三年。）及英宗立，鐵木迭兒以太子太師奉太后命爲右丞相，晉開府儀同三司，上柱臣太師。以趙世延嘗劾其姦，誣以不敬，下獄，請殺之。並究省台諸臣。流諸王阿刺鐵木兒，江南行台大夫脫脫於雲南，其氣燄薰天，炙手可熱之勢，駸駸莽操不過是也。若完者晚生後輩，乃其門下走狗耳。史稱鐵木迭兒子宣政院使八思吉思，坐受劉夔冒獻田地，伏誅。仍籍其家。時（至治二年卽一三二二年）鐵木迭兒已死，帝任拜住為右相，振立紀綱，且欲籍鐵木迭兒家以懲後。於是其黨鐵實（一作特克實）完者（逆臣傳作諤勒哲）弒帝及拜住（一作拜珠）也先鐵木兒，迎立晉王，是為泰定帝。帝既立，盡誅鐵實完者黨。語曰知人於微，若鐵木帖兒者，官雲南左丞時，拔扈專擅，已顯著若此，尚使柄政中央，位居宰輔，篡逆之禍，豈一朝一夕之故哉。

滇西南徼

元代滇境遼闊，西以金齒諸夷，遙接緬甸驃國，南以八百老撾，遙接安南占城。其政治組織，均以雲南為其中心，受雲南王梁王之節制。然其情勢，亦有不同者。緬甸占城安南距滇遠，故其政體嘗與滇分，車里八百老撾距滇近，故其政體嘗與滇合。前者之入版圖，大抵在至元以前（卽西元一二九四年前）後者之入版圖，則在至元以後。前者之服也威之以兵，後者之服也懷之以德。前者諸國，天氣酷烈，風敎隔閡，難於統制，故聽其稱藩納貢。後者諸國，接壤滇南，氣候溫和，民俗馴服，故得併入行省。茲撮其大事，列表以明之。

滇西南徼招討表

時代	西元	大事紀要
憲宗七年	一二五七年	兀良合台率軍由車里攻入安南入交趾城屠之留九日以天熱還師
至元十四年	一二七七年	忽都信苴日等禦緬犯金齒兵五萬人大敗之追至千額（當卽千崖）而還
至元十七年	一二八〇年	納速剌丁等一萬四千人及思播亦奚不薛兵征緬
至元十九年	一二八二年	唆都奉命於占城立省其王子補的叛與阿塔海兵一萬五千討之破其木城
至元二十年	一二八三年	桑阿克達爾等三路入緬破江頭城殺萬人
至元二十二年	一二八五年	唆都還自占城與孟古岱等伐安南大敗之以粮盡退思明中伏唆都李恆死之
至元二十三年	一二八六年	張成愛魯等七千人征緬湖南宣慰司以供輸煩勞請本年暫止征安南允之
至元二十四年	一二八七年	烏馬兒樊楫等約十萬人伐安南置交趾行尙書省以粮船傾沒海中引還
至元三十年	一二九三年	命劉國傑等兵五萬六千人伐安南因世祖崩寢兵而止
大德元年	一二九七年	緬王的立普哇拿阿廸提牙奉表入貢
大德四年	一三〇〇年	緬王爲其弟所弑命孟古圖魯默色一萬二千人問罪復其王並伐八百媳婦國
大德五年	一三〇一年	立征八百媳婦萬戶府二發四川雲南囚徒從軍七月分軍征八百及金齒六年罷征
大德七年	一三〇三年	以征八百喪師誅劉深笞合剌帶罷雲南征緬分省

至大三年	一三一〇年	八百媳婦大小徹里作亂右丞算只兒威招撫之
皇慶元年	一三一二年	雲南右丞阿忽台等以軍討八百二月罷征大小徹里及八百以璽書招之二年入貢
延祐六年	一三一九年	木邦路帶邦爲寇敕雲南行省招之
至治元年	一三二一年	木邦路給邦子忙兀等入貢車里于孟爲寇詔招諭之
泰定元年	一三二五年	車里陶剌孟木邦路蠻八廟孿樊入寇招降之鎮康路謀粘路土官並降置車里軍民總管府以土人寒賽爲總管元江路普山爲寇詔捕之
泰定三年	一三二六年	大車里侄昭哀孟陰甸吾仲入貢以昭哀地置木朶路一吾仲地置孟隆路一
泰定四年	一三二七年	八百媳婦請官守置蒙慶宣慰司都元帥府及木安孟傑二府於其地蒲蠻來附置順寧府寶通州慶甸縣緬王請立行省於迷郎崇城不允
天曆二年	一三二八年	置銀沙羅甸等處宣慰司都元帥府元江孟定均立軍民總管府
至順二年	一三三一年	立麓川路軍民總管府升景東甸爲府蘆傳路爲軍民總管府
元統二年	一三三四年	雲南老告土官八那遣使入貢立老告軍民總管府
後至元元年	一三三五年	車里寒賽反詔雲南討平之罷雲南蒙慶宣慰司
後至元四年	一三三八年	立邦牙等處宣慰司都元帥府並總管府
後至元六年	一三四〇年	雲南老丫等蠻降立老丫耿凍路軍民總管府

觀上表，知緬越征伐，大抵在至元十六年以至三十一年間。蓋前乎此，雲南行省未立，宋亦未滅，無暇及也。大德後，兵力稍衰，八百媳婦之敗，元廷對於西南，遂以懷柔爲策矣。然自是而後，邊境又安，朝者踵接。

如車里八百元江鎮康孟定木邦諸部皆設官置署，等於內地。其尤著者，莫如緬甸老撾之歸屬。緬甸於後至元四年（一三三八年）立邦牙等處宣慰司於蒲甘。老丫太平寰宇記謂即老撾，亦作纜掌或南掌，當八百媳婦東，車里南，為一狹長形之地域。（英圖作 Laos States 或曰撣(Shan)蓋與撣同族也）今與安南同隸於法領印度支那政府之下，然後至元五年元所立之老丫耿凍路軍民總管府，即其地也。而明史地理志謂老撾自古不通中國。嗚呼豈其然哉。

孟隆路與班洪

滇緬未定界二段，尖高山以北，為明茶山及里麻長官司地片馬江心坡問題起，國人知據理力爭矣。南板江公明山以北，為吾元木朶路孟隆路，而國人不知，以為歷古未通中國。近日班洪問題起，乃茫然無所措，斯亦大可哀矣。考孟隆路地當東經九十九度，北緯二十三度，居瀾滄及潞江分水嶺上，全境成一大高原，縱橫各二千里，險阻崎嶇。北有南丁河，與孟定耿馬接，南有南卡河與孟連瀾滄接，東界雙江，西與英屬緬甸接界。東西長千里，南北廣七百餘里，與雲南全省較，約占面積六分之一，境內大抵氣候溫和，低地潮濕蒸鬱，瘴癘特甚。高山則四時積雪，暴風迷霧，隨時發生。哨辛班洪班老永邦鑛別五王，分統其地。金、銀、銅、鐵、銻、錫、鎳等礦，隨處皆是，總名曰葫蘆國，此今日地理之情形也。其歸屬中國，實始於元。元史本紀泰定二年（一三二六年）大車里侄昭哀，孟隆甸土官吾仲，並獻方物。以昭哀地置木朶路。吾仲地置孟隆路。以地當車里之西，八百大甸之北，金齒之南，曩昔元征緬甸，輙由此渡喳哩江（潞江）出木邦，故居是地者，卡瓦外回族衆多，迄今猶然。大清一統志輯要（卷五十朝貢第四頁）曰葫蘆國一名卡瓦，界接永昌東南徼外，歷古以來，未通中國，亦不爲緬所屬。地方二千里，本朝乾隆十一年，其酋蚌築，願以其地茂隆山銀廠，抽課充貢。詔許之。國境東接孟定土府。西接木邦。南接生卡瓦北接耿馬宣撫司。貢道自永昌府至京師，距永昌十八程。夫元代緬甸八百老撾均置宣慰，與內地諸土司同，而明史於老撾，清一統志之於孟隆路，皆曰自古不通中國。蓋專制君主，好大喜功，臣下則讒諂面諛，必如是始能見其君有不世之功。彼等焉知數百年後，與强鄰定界時，竟貽人以口實耶。按茂隆銀廠清乾隆間，政府曾設正副撫吏以治其地。同時石屏人吳尚賢至班洪開辦銀廠，邊民追隨者十數萬人。宮裏雁（桂王之裔孫也）至班況開辦老銀廠，均已大著成效。後以清廷懷挾私見，不加保護，其事遂敗。今班況爲英所有，老銀廠已用新法開採，獲利至鉅。英人得隴望蜀，垂涎班洪，由緬甸臘戍地方築一汽車路，直達滾弄江邊。近更派遣工程師，搬運機器，結隊進窺班洪。我則由省經緬甯雙江耿馬至此，非月餘不達。且沿途羊腸小道，山箐深險。而諸夷雜處，語言不通。每歲廢曆二三月七八月間，沿途卡瓦，常有殺人取頭，以祭旱谷之惡習，雖嘗與交易通商之漢人，於此期中，亦不敢輕於嘗試。故自舊歲英人侵入班洪以來，吾滇及中央政府，雖屢遣使前往，迄無確實消息。嗚呼，何古今人之不相及，至於此哉。

元史漏載滇之路縣

阿迷州元為阿甯萬戶。臨安西南江外之納樓茶甸思佗甸為元之和泥路。開化馬關邱北西疇麻栗坡等屬，在明為敎化三部及王弄山長官司。元為强現三部，王弄山大小二部。及捨資千戶。臨安西南之虧容甸溪處甸落恐甸，元均為軍民副萬戶，屬元江路。廣南富州元為廣南西路宣撫司，領富州安甯州羅佐州。景東，元初為開南州，至順二年，置景東府。雲龍於元末置雲龍甸軍民府。順甯雲州，元泰定四年置順甯府寶通州慶甸縣。大車里泰定二年置車里路。其外更有耿凍路至正七年置。耿當孟弄，二州皆在大車里境，亦元末置。蒲甘於後至元四年置邦牙宣慰司，木邦於至順元年置路，八百媳婦於泰定四年置八百等處宣慰使司。及蒙慶宣慰使司。老撾於後至元三年置總管府。孟定路東南於泰定三年，置謀粘路。至正二十六年，置木連路。孟艮（明置禦夷府在木邦東南）東於泰定三年置木朵及孟隆二路，後至元二十六年置孟愛路。此皆元史地理志所未載，或載而不詳。可於明史地理志對照參考者也。

馬可波羅所紀之阿迷州

阿甯地當中國南部最遠之區，人民服從元廷，信奉偶像，以牧畜及農業爲生，使用其固有之言語，男女胥以貴重之金銀器爲其手足之粧飾品。又其地牧馬業極盛，印度人貿易其間，獲利倍蓰。水牛黃牛，成羣結隊。設有廣大之牧場，故家屋櫛比，人民富裕。（上文見鳥居龍藏博士西南支那第四十六章所引馬可波羅游記。）並謂馬氏稱由此地北距彌勒凡八日，南經バンガラ（今之ベンガル附近）からカウギーク（今法領東京）まで間三國地需三十日。吾人藉此可知六百五十年前之阿迷州尚爲蠻族之窟穴，並無漢人之足迹。今滇越鐵路通過其地，南至東京，北至昆明，不出三日。豈惟國防上商業上爲全滇樞紐，卽政治上文化上亦他處所不逮，世運之進步，前人甯能料哉。按阿迷改州，事在明洪武十五年。

殺韃子

滇省風俗，歲除夕，洒青松毛於堂，元宵後方掃除，與內地各省異。父老相傳，元末蒙古傾覆，雜居民間之軍佐官吏，怨毒已深，元旦日漢人共起屠之，相約以松毛蔽其血汙。繼後每屆新年，輒灑松毛以爲笑樂，久之遂成風習。年遠傳聞，不知確否。惟元代統兵官雜居里閈，凌虐士民，乃開國後多年陋俗，其事可證。姚燧千戶所廳壁記：我元駐戍之兵，皆錯居民間，故萬夫千夫百夫之長，無公廨城邑者。王桐齡中國史曰：其待南人也尤嚴，十室之邑，有甲長駐之。魚肉侵侮，唯所欲爲，無敢與抗者。末年兵起，乃盡殺蒙古人。然則元代雲南之多亂，與夫「殺家韃子」之說，殆不虛矣。

虞集雲南志略序

京師西南行萬里爲雲南，雲南之地，方廣萬里，在憲宗時，世祖帥師伐而取之，守者弗能定，既即位於海內，使省臣賽天赤（即賽典赤贍思丁也）往，撫以威惠，沿其俗而導之善利，鎮以親王貴人者四十年。方是時，治平方臻，士大夫多材能，樂事朝廷，不樂外官。天子閔遠人之失牧也，常簡法增秩以命吏，而爲吏者，多徼倖名器，無治術，無惠安遐荒之心，禽獸其人而漁食之，無以宣布德澤，稱旨意。甚者啟事造釁，以毒害賊殺其人。其人故暴悍，素不知教，寃憤竊發，勢則使然。不然，惡生樂死，夫豈其情也哉。嗟乎！昔者簞壺迎徯之民，日以老且死；生者格於貪利虐師，以自遠於恩化。其吏士之見知者，無所建白，而馭於中者，又不識察其情狀。一隅之地，嘗以爲中國憂，而論治卒未究其故，不亦悲乎。河間李侯景山，由樞庭宣慰烏蠻，烏蠻雲南一部也。始下車，未及有所施，會羣蠻不靖，巡行調發，餽給鎮撫，周履雲南，悉其見聞，爲志略四卷，因報政上之。余嘗按而讀之，考其生產、風氣、服食之宜，人物、材力、愚智、勇怯，山川、形勢之阨塞要害，而世祖皇帝之神威聖略，概可想見，未嘗不俯伏而感歎也。其志曰：張喬斬姦猾長吏九十餘人，而三十六部盡降。諸葛孔明用其豪傑而財賦足，以給軍國。史萬歲貪賂，隨服隨叛。梁毗一金不取，酋長感悅。李知古以重賦僇尸，張虔陀以淫虐致亂。此於事至較著明白者也，其術不甚簡易乎！有志之士，尚有所覽觀焉。至讀其記行諸詩，必有悲其立志者矣。文見元文類卷三十五。按虞集此文，可當雲南政治史讀。百年間盛衰興亡得失是非之故，於此見焉。故全錄之。

征南口號元杜瑛作

春早雲南麥已黃，瀘江蒸霧水如湯。馬蹄半帶陰山雪，變作人間六月涼。見元文類卷八。

馬祖常建白諸事

元文類載馬祖常建白一十五事，有可備參考者。其言曰：諸道宣慰司，除吐蕃南詔兩廣福建外，如浙東等四道，並爲無用，徒月費俸廩，坐養官吏而已。可見宣慰宣撫之設，皆於邊地爲宜，所以資其鎮撫。又曰諸翼軍官，自萬戶下至百戶，子弟承襲父兄之職者，合參酌古今之宜，設立武舉，習學兵法，中式者，方許承襲。庶武備不弛，軍政稍嚴。必若今日，難於更張，則四方宣力老將，既已病死，承襲驕脆子弟，但知酒色裘馬爲華好，一旦直欲冒矢石，執干戈，以犯勍敵，不惟本人自取肝腦塗地，從軍將吏，死復何辜。可知元代承襲將士，至元後，卽已腐敗，不堪再用。惟剝民無藝，以資享樂。故滇之亂，亦以元中葉後爲亟。又曰行省所差府州司縣提控案牘都吏目典史之徒，往往恃其名役之細微，縱其姦猾，舞文弄法，操制官長，傾詐庶民。此徒出自貼書小吏，數十年間，轉充是役。身無品級，子無蔭敘，而令竊弄府州司縣之權，剝刻單弱，以肥其孥，良可憫歎。又曰漢軍征戍嶺海之南，歲病而死者，十率七八。其所屬軍官，利在危殆之際，必用資財，擬指軍人北方本家，所有孳畜田產，厚利借貸，準折還納，終致破產，不敢有詞。此亦可見當年猾吏舞文，軍官剝奪之弊。滇以邊陬，情勢相同，故並錄之。

征南之黑衣大食軍

雲南回族自元世祖南征後，始大批來滇，余已考證其事，著之前篇。繼讀新唐書南蠻列傳上，復有所發見。據稱唐德宗貞元十七年（西元八〇一年）唐詔犄角，數敗吐蕃兵。吐蕃誘瀕瀘諸蠻，復城悉攝，蠻酋潛導南詔與唐兵徂擊，夜絕瀘破虜屯，大敗之於時康，此當即西康耶 黑衣大食等兵及吐蕃大酋皆降，獲甲二萬。所謂黑衣大食者，即天寶九年（西元七五〇年）阿波斯(Abul abbas)滅翁米亞朝(Omayyads)占據米索波達米亞以報達(Bagdad)爲都城之回回國。當時吐蕃極强，其領域直至鹹海南北，吐蕃挾大食兵入寇西康，爲唐與南詔合兵所破，故其族被虜於滇，史稱獲甲二萬，則是役回回移殖雲南之數，亦可觀矣。至本省教門謂唐朝借兵回紇以征南詔之言，新唐書祇言是時回紇太原邠甯涇原軍獵其北，恐不足爲據。

咸陽王墓六十韻

玉斧棄炎荒，金沙渡革囊，至今知漢大，誰使致時康。神降應徵嶽，形求早夢商，帝呼賽典赤，（猶華言貴族）人識老平章。敷政仁爲本，安民禮作防，羈縻威虎落，統轄重龍驤。不事遷豪傑，惟知問保障，求謨欣有得，樹表詎能忘。雅慕三稱善，深知六計良，任崇經術吏，奏罷羽林郎。民命惟先食，師行敢乏粮，自非儲早潦，甯易慶豐穰。寶象波流湧，盤龍水勢狂，瀉江師杜預，纘禹憶平當。壩築頻增閘，（公於盤龍江上游築松華壩分水爲金汁河以資灌溉又築韓罔各閘以時啓閉蓄洩得宜實爲昆明第一水利又開銀汁馬料寶象海源盤龍各河皆增置閘壩）灘修更浚隍，（修海口河雞心螺殼牛舌等灘分永昌河水繞省城東西南三面）鑿門徵合數，開塔識同方，奇關葫蘆口，（如橋行上通金汁河水下洩明通河流）紆餘菱角塘，（塘近盤龍江出玉帶河）屯均中左右，（舊有中左右前後等衞屯田）派別太金揚，（盤龍江下游三支河名）鄭白功績續，庾樊家幷昌，秋泅澄燕尾，（閘名）春雨浴鴛鴦。（池名）既澤南東畝，還興上下庠。設壇先列杏，舍采繼升薌，萬舞公庭肅，偏隅軌義彰。獻酬依俎豆，陶鑄見羹牆，化比文翁速，牋同范泰詳，煥乎中慶路，富矣彩雲鄉，小吏偏無狀，邦刑自有常。斬袪披忽貴，讓使邑何妨。似昔初開府，流言輒滿堂。毀勤遣世子，謙抑悟驕王。事與人家國，思深曰贊襄。第求心坦白，邪計口雌黃。獲上民堪治，和戎策最長。蠢茲羅甸虜，敢犯建寧疆。杖鉞韜揮豹，飛謨燧警狼。十圍城且下，一駕寇猶張。申令虞輕殺，招徠匪示恇。姦終干羽格，賦竟布鹽將。

樂舞來驃國，鉞車賜越裳。受珠懲往事，製服煥新裝。績著千秋業，名符百鍊剛。山河俄永畢，輤旐遽飛揚。涙盡羊碑墮，銘先馬冡藏。歸雲還柳暗，落月偃松涼。外徼悲君實，殊恩縱柳莊。禮宜謚忠惠，封特晉咸陽，鳴鳥還縈夢，哀鴻莫亂行。詔參守何舊，徽午發奚光。西域誠多彥，南中遍植桑，一門三父子，長公子納速剌丁，三子忽辛相繼爲雲南相 萬派大津梁，漫道姸媸混，徒增邱隴傷。職誰憂丙吉，壘壘畏庚桑，野澤狐狸嘯，軒墀鸑鷟翔，幾時偕赤斧，重與鎮青蓭。弔古情何極，歌功學未遑。化成纔六載，瑞應已千祥。滌蕩淪漣水，支撐巘業岡。日星明皎皎，枳棘鬱蒼蒼，像失楊從事，滇考東漢楊竦爲益州從事征封離戰勝蠻悉款附病創卒刺史張喬上其功勒銘繪像 樓隳李贊皇。何如金汁岸，祠墓永蒸嘗。

詩見時畬堂詩稿卷五。清乾隆間，保山詩人袁文揆蘇亭所譔。按咸陽王修六河，爲昆明最大水利，與李冰之鑿離堆同。迄今滇垣有井水處，男婦老幼，猶紘誦不綴。蘇亭此作，可當詩史讀，故並志之。

鄭和太公墓誌銘跋

昔讀梁任公所撰鄭和傳，謂吾族自殖於南洋羣島者，六七百萬人。至今華僑於彼土工商業執其牛耳者猶十而八九。推原功首，則爲鄭和。甚至謂亞洲海岸和經行殆徧，在海上生活者垂三十年，世界史上，航海偉人，罕與倫比。是則鄭和者，吾族之哥倫布麥志侖維斯多嘉馬也。按近世新地及航路之發現，史家共認爲元代西征後馬可孛羅一類人之誘導，而三寶太監鄭和之下西洋，似亦屬於此流。蓋雲南回族之移殖，始於忽必烈之征大理，爾後百餘年間，彼族於政治上常占重要之地位，鄭和其傑出者也，和之籍貫，明史本傳稱雲南人，曩趙樾邨李印泉訂爲滇西鎮南州人，不知所本。讀袁樹圃先生之滇繹，知

昆陽存有和父墓誌碑一方，偕友周生甫訪之於昆陽城西一里，果得其碑。因撮影一幀，碑高約六尺，寬二尺六七寸，質爲紅沙石，首鐫篆文「故馬公墓誌銘」六字。文十三行，計二百八十二字，泐三字。碑後丈餘有一小坵，已傾落，似即當日之墳墓。其前有石龜，長約三尺，與墓誌碑同西向立，更前有不知名之古塚多數，亦回徒舊物。由墓誌文考之，如公生于甲申年十二月初九日，

卒於洪武壬戌年七月初三日，享年三十九歲，即和之父適生於元順帝至正四年（西元一三四四年）卒於明太祖洪武十五年也。（西元一三八二年）本馬姓，祖及父均名「哈只」，依回教例，凡朝天方而歸者，稱爲「哈只」，猶言師尊也。或曰天方即今阿剌伯半島之「麥加」，爲漢志王國所在，所謂「哈只」，即漢志之對音，不知孰是。要之，和之先世及同族蓋曾朝天方者，故和之冒險西行，亦有所本。又如「公生而魁岸奇偉，風裁凛凛可畏，不肯枉己附人，人有過輒面斥無隱。性尤好善，遇貧困及鰥寡無依者，恆護賙給，未嘗有倦容，以故鄉黨靡不稱公爲長者。」是則和一生功業，盛傳海外，所謂航海數十年，斬俘數十王者，豈非得自祖若父剛方奇偉之遺傳耶。至昆陽州城築於清初，及後又有所更。碑稱長子文銘奉柩安厝於寶山鄉和代邨之原，則當日葬地，尚爲鄉村，未有縣城，亦可左證。樹圃先生曰：和幼不知書，僅據俗稱以告，李遂據以入文，書於京而刻于滇，故年月有改刻之迹。又碑稱永樂三年立石，考和出使即在永樂三年（西元一四〇五年）之冬，蓋立碑即行也。他如鄭和名姓，皆天子所賜，及和之爲人，幷載碑文，可補明史之缺。由是觀之，則此碑價値之大，亦可想見矣。自清咸豐丙辰之亂，昆陽古蹟，湮沒殆盡，鄭和族屬，徙居玉溪，即此殘碑亦聽其剝蝕而不之恤，可勝慨哉。路南楊君醒蒼，元蒙古普魯海牙閈里伯之賢裔也。民國乙亥，來守是邦，知其所關吾滇掌故甚大，毀損可惜，爰損貲創建碑亭，保持永久。余因之有感矣當十三世紀，蒙古以鐵騎蹂躪中亞及西亞諸回國，括其壯丁數十萬以南征大理也，於是蒙族回族始移殖於滇南，乃鄭和遺碑，今復得有楊君者出而表彰之其因緣不亦大可奇哉。光不文，偶履昆陽，幸飽眼福，知是舉之有益於學術也，因考其事，以質世之好古者云耳。民國乙亥某月某日會澤夏光南謹誌。

附鄭和父馬公墓誌銘

故馬〇〇〇銘 一行 公字哈只，姓馬氏，世爲雲南昆陽州人。祖拜顏，妣馬氏，父哈只，母溫 二行 氏，公生而魁岸奇偉，風裁凜凜可畏，不肯枉己附人，人有過，輒面斥 三行 無隱。性尤好善，遇貧困及鰥寡無依者，恆護賙給，未嘗有倦容。以 三行 故鄉黨靡不稱公爲長者。娶溫氏，有婦德，子男二人，長文銘，次和，女 四行 四人，和自幼有材志，事今 五行 天子，賜姓鄭，爲內官太監。公勤明敏，謹恭謹密，不避勞勩，縉紳咸稱譽 六行 焉。嗚呼，觀其子而公積累千平日與義方之訓可見矣。公生于甲申 七行 年十二月初九日，卒於洪武壬戌七月初三日。享年三十九歲。長子 八行 文銘，奉柩安厝於寶山鄉，和代村之原，理也。銘曰： 九行 身處乎邊陲而服禮義之習，分安乎民庶而存惠澤之施，宜其餘慶 十行 深長，而有子光顯於當時也。十一行 時永樂三年端陽日，資善大夫禮部尚書兼左春坊大學士李至剛撰 十三行 按至剛名鋼，以字行，華亭人，明史有傳。

太華山佛嚴寺無照玄鑑禪師行業記

按察使趙世延撰 御史官楊耀鄺書

師諱玄鑑，字無照，原籍曲靖普魯吉人。父高姓，母董氏，宋末宦游連然，年五十無嗣，乃禱於普門大士；一夕，母夢入一寺，見樓閣參差，殿宇輝煌，階下無數奇花，開敷榮茂，傍有老僧，授一曇花，覺而有娠。月滿而生，當大元至正十三年丙子春二月也。生而常啼，父母甚憂，會虎邱講主雲巖淨公過而問之曰：近聞官人已得貴胤，特來相賀。父曰：托被長老，前三日果得一子，但啼泣不止，奈何？淨曰：請與一見。父即抱示之。師見淨如有夙識，一笑而啼止。淨公接抱，週身撫摩而囑之曰：大圓鏡裏本自空寂，胡來口現，何愛何喜？父曰：如蒙佛祐以壽，後當捨入空門。淨曰：謹記勿忘！作別而退。父將師見淨之狀告於母，母亦將入夢之兆訴於父，互相謂曰：此子若得天年，定爲法門上士。既長與羣兒嬉戲，不類俗諦，不假葷辛，不處汙穢，稍有所犯，輒病不休。咿唔纔上口，便能說大義，父母愛如掌珠。偶染痼疾，醫藥不治，父母甚憂，仍禱于大士前，許以出家，其疾漸瘳，未旬即愈。父母自念前願不可違，送入虎邱寺禮淨公剃落。師方六歲，不數月，父母隨亦解組。師神姿超卓，道骨堅貞，在同輩中最爲精進，常禮拜打坐，經行稍壯，凡附近講肆，悉赴聽受，十六圓具，慎護身口，斂觀義理，博究淵明，及知有教外別傳之旨，即請益，領參於笻竹雄辯法師。淨公遷化，師盡棄所學，單看狗子無佛性話。立願不沾床櫈，不入城郭，力究此宗，以報師恩。三年限滿，於無字邊，總沒入處。往見友人雪庵，自陳蒲團上事。菴謂曰：參禪一着，縱饒死盡偷心，斷絕諸緣，更要見人始得。師聞之，發誓參方，自滇黔，游荆楚，抵吳越，歷見兩宗知識二十餘員，不能頓明本有。至正乙未間，初參高峯妙祖，纔展禮即被打。師曰：學人纔禮拜即被打，不知有何過犯，和尚便施痛棒。祖曰：似你東卜西覓鈍漢，不打更待何時，師乞依座下。祖曰：隨中峯法師，即就師子院叩見中峯本祖，中曰：何處來？對曰：高峯。中曰：既登高峯，因甚又落中峯？師曰：後鶴沖霄去，金鱗點額回。中曰：高峯和尚有何言句，師曰學人纔禮拜，却被痛打。中曰：和尚得恁麼婆心切！師於言下有省，汗出浹背。中曰：汝作麼生會，師掩耳而出。中曰：好好保任勿生愛喜。師歸堂後，嘗詣死關禮拜，屢被逼拶，纔得打成一片，未經數月，高峯遷化，師哀慟不已，燃頂供養。自是恆侍中峯，寸步不移，一夕聞中峯客中夜話，咬斷葛籐，了明自性，不覺失聲曰：原來原來！中曰：汝甚見來，師展兩手，中然之，付以源流，命爲東堂，分座說法，無論道俗，皆至誠誠誥，極其謙恭，故往來爭傳，名播三吳。大德癸卯秋，偶思父母年老，□假省覲。中曰：爾勝緣□滇可急回，勿別往。師命繪像請讚以歸。中贈偈云：「狂心未歇爲禪忙，萬八千程過遠方，喪盡目前三頓捧，揮開腦後一尋光，陳年故紙渾無用，今日新條亦頓忘，見說雲南田地好，異時歸去坐繩牀。」——（其二）衲僧用處絕羅籠，拶着渾身是脫空，輒破一塵如有旨，撥開萬象覓無踪，德山焚疏情先死，良遂敲門路已窮，積刼塵勞忽吹盡，黑龍潭下五更風。」至秋末始達故里，聞父母俱已謝世，師痛哭不已，與諸禪者結壇講菩薩戒三七以薦悼之，邦人深感其化。城南有蛟，夏秋之際，每多泛水禍，□師誦戒持咒，建塔□□，後□無患。宣慰安□宗，亦佐士縣朱龍海等，感師德化，建正法寺以居之。又寺南十里許，有山名天馬，下有龍湫，葉落觸波，則風雨竟夕不止，民甚畏之，師至龍湫振錫旋繞，舉世尊化迦葉因緣，種種說法，龍聞法徙去，不復爲患。遂建寺名安國，山曰眞峯，法席大振，皈依者衆，聞於王庭。梁王諱甘剌麻者，從師問道，師將法席付鏡中等，隨使入對，首開心地法門，次舉惟心淨土，王不甚歡忻。時丙午春，命平章也先不花同御史陳思廉等卜斯地以建梵剎。一載而成，賜寺額曰佛嚴，山曰太華，延師爲開山第一祖。說法日有商岩山月智福道元湧海戒融等，皆精通妙典，深明至理，俱已傾心贊化，其得戒授皈依崇奉者，不及悉數。而王公貴人，或登山問道，或入內授法，均獲勝益。如平章也先不花，御史陳思廉，參政也罕的斤，安南使甯端甫，同知楊立義暨淸遠居士等，該得洞明心地，直達無爲者也。至大辛亥夏，大理世守段忠公請師就崇聖寺，闡波離教，爲四衆受戒，感彩雲現瑞，經時而散，夷羅車里宣慰，率各酋長執弟子禮，求淨土密要，師剖心指示，均該獲益，回爲大衆說法，內有誓不出山之語，忽皇慶壬子年，安南王遣使賚聘，請師就交說法，師應諾，令使先問，師擇日後行，隨將衣法付囑商岩，自作手書，令執事辭王公宰官居士諸山耆宿云：准于八月中秋要交趾說法，幸勿相送。復催執事人治行裝，先一日令大衆誦涅槃經偈云：有爲之法，其性不常，生已不住，寂滅爲樂。大衆俱不解，惟商岩戒融知之。命衆竭力誦偈，次晨請師就食起程。連請二次，師端坐不應。視之業已坐化。大衆齊擁丈室，椎胸號哭，悲哀不已。商岩止之曰：師已示寂，悲傷何益，莫如盡心脩道，以報師恩。大衆聞之卽止。訃聞梁王宰官居士諸山耆宿，莫不悲傷感異。出龕日，普皆雲集，香花幡蓋，音樂哀聲，聞於數里之外。荼毘得舍利百餘粒，合諸不壞，奉於本寺之左。世壽三十七，道臘三十一。癸丑歲雲南王老的進表請勑諡號智覺慧印禪師。中峯和尙聞之，遣僧致祭，文曰：「佛祖之道，未易鑒兮！吾無照遠逾一萬八千里江山以來茲，佛祖之道，失所望兮！吾無照負三十七春秋而云歸。生耶死耶，果離合兮！非智眼而莫窺。祖意敎意，果同異兮！惟神心其了知。謂無照於吾道有所悟兮！眞機歷掌，其誰敢欺。謂無照於吾道無所悟兮！大方極目，云胡不迷。笑德山之焚疏鈔兮，何取捨之紛馳。鄙遂良之罷講兮！徒此是而彼非。惟吾無照總不然兮！卽名言與實相，互融交涉而無虧。出入兩宗大匠之門兮！孰不歎美而稱奇。屈指八載之相從兮！靡不間其毫厘。我閔人旣多兮！顧如吾無照者，非惟今少，於古亦稀。我不哀無照之亡兮！哀祖道之旣墜。而今而後，孰與扶顚而持危，對爐熏於今昔兮！與山川艸木同懷絕世之悲。」四衆擁支提命余述師行業，余曰，我在吳中，親依師座，雖見其跡，未洞其體，識其用而難窮其妙，何敢塗抹虛空，自招罪戾，四衆索之再三，余曰觀師之出也，轟天震地；觀師之沒也，眞幻俱泯，其師之機辯絕倫，得自在處，豈余可窺也，謹錄梗概而爲銘曰：「師承悲願，示以因緣，曇花叶夢，跡降螳川。氣宇豐厚，骨相端嚴，口口神異，穎悟天然。繈離襁褓，病魔牽連。許投佛地，彈指卽痊。髫齡捨俗，勝於高年。精進敎觀，不滯言詮，慕有空宗，立誓不眠。十六納戒，二十離滇。吳水楚山，兩脚踏口。歷參知識，二十餘員。後見中峯，始破疑團。相從八載，授以心傳。職典序首，說妙說玄。凡諸所學，力必當前。偶思省親，不憚風口。祖嘉孝道，口口口口。歸抵故園，二親口口。勤修禪誦，薦拔九原。鄉人感慕，爲建精藍。患蛟爲患，建塔鎮焉。說法度人，不只萬千。聲動王庭，領奉金仙。遣使迎師，博問眞詮。梁王大喜，命臣思廉，卜地開基，賜額佛嚴。請師主之，溥利塵寰。得骨得髓，商岩道元。廣談實相，利濟無邊。預知時至，作偈投口。辭別梁王，要往安南，令僧誦偈，一坐不還。訃聞道俗。莫不嗟嘆。闍維靈骨。舍利晶鮮。表奏天子，諡號加銜，造建寶塔，永鎮華巔。惟冀師道，奕世綿綿。」一時大元延祐二年，歲在乙卯，重光大荒落佛口道日，嗣法弟子宗山與鏡中湧海智福道元山月戒融監寺湧泉曁兩序衆淸等仝。

按延祐二年乙卯爲一三一五年，元仁宗時也。碑長約四尺，寬丈餘，字作三台書寫，末署嗣法弟子八人，無商岩。又碑末弟子名下均各蓋長形圓形篆文章一。足證輟耕錄言名號圖章，始自元人之說，信而有徵。

崇聖寺聖旨碑

大理崇聖寺為唐宋以來著名之佛寺，在昔殿宇數百，宏麗無偶，咸同回亂，摧毀無遺。今所存關於元代掌故者，僅大理崇聖寺碑銘及聖旨碑而已。聖旨碑高廣二尺六寸，十九行，行二十三字，正書，周刻龍文。其文體全屬白話，釋義詳前元代滇宗教之盛一篇。末署豬兒年閏七月初五日，或謂在成宗大德三年己亥，以是年置閏，且聖旨援引各皇帝稱謂，亦適相符也。然元史及通鑑則定為武宗至大四年辛亥，不知孰是，似以前說較勝。

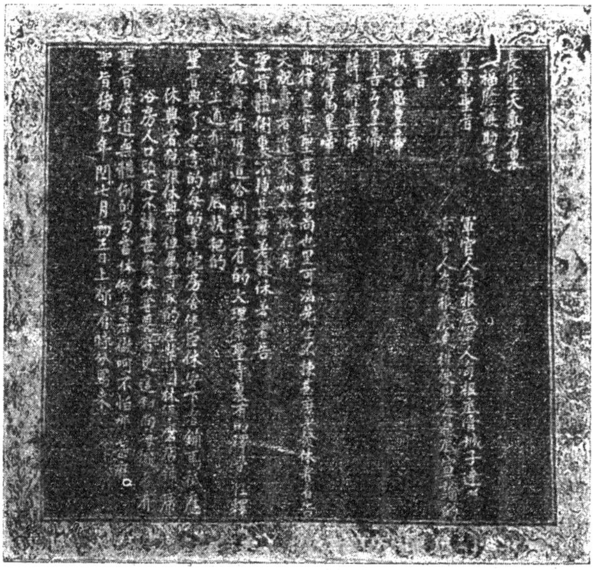

興寶寺續置常住記碑

重修陽派興寶寺續置常住記碑，在今姚安縣西城外十五里之興寶寺。寺爲南詔布燮楊禎之所建，大理上公高踰城光之所重修。至元季有高寶者，續置莊田，印塑經像，故碑文記之。高五尺二寸，廣三尺三寸，二十行，行四十五字，楷書。僧用源撰，鶴慶路知事楊吉圓書。碑載元代梁王殺段功事，及高氏留心佛教，並爲滇中最大掌故。末署大元「宣光六年」丙辰孟秋上旬吉日。李印泉先生考正，宣光爲元裔昭宗年號，萃編謂無此年號誤。丙辰當洪武九年（西元一三七六年）是時梁王猶在滇，至洪武十四年，傅友德沐英等下雲南，梁王投水死。十五年克大理，滇始奉朱明正朔。此石海內無二，較弘光永歷尤寶貴矣。

元代雲南史地叢考終